Rüdiger Liedtke

111 Orte in München auf den Spuren der Nazi-Zeit

111

emons:

Bibliografische Information der Deutschen Nationalbibliothek
Die Deutsche Nationalbibliothek verzeichnet diese Publikation in der Deutschen Nationalbibliografie; detaillierte bibliografische Daten sind im Internet über http://dnb.d-nb.de abrufbar.

MIX
Papier aus verantwortungsvollen Quellen
FSC® C043106
FSC www.fsc.org

Layout: Eva Kraskes, nach einem Konzept von Lübbeke | Naumann | Thoben
Kartografie: altancicek.design, www.altancicek.de
Kartenbasisinformationen aus Openstreetmap,

Druck und Bindung: Grafisches Centrum Cuno, Calbe
Printed in Germany 2020
Erstausgabe 2018
ISBN 978-3-7408-0354-4
Aktualisierte Neuauflage März 2020

Vorwort

Keine deutsche Stadt ist mit dem Aufstieg des Nationalsozialismus so eng verbunden wie München. Nach Revolution und Räterepublik waren die zutiefst antidemokratische Stimmung, die radikale Ablehnung von Weimar und Berlin und der unbändige Hass auf alles Jüdische, vor allem in der reaktionär-bierseligen Atmosphäre der Brauhäuser und Bierkeller, der Humus, auf dem die Nationalsozialisten und besonders Adolf Hitler innerhalb kurzer Zeit ganz nach oben kamen. Unterstützt von Teilen des Münchner Bürgertums, universitärer Eliten und kapitalkräftiger Wirtschaftskreise. Und mit dem Wohlwollen höchster bayerischer Regierungsstellen, der Beamtenschaft, der Justiz. Nach dem gescheiterten Putsch von 1923 hätte der Österreicher Hitler ausgewiesen oder wegen Hochverrats zum Tode verurteilt werden müssen. Stattdessen wurde er hofiert, protegiert und gefeiert. 1935 ernannte Hitler München zur »Hauptstadt der Bewegung«.

Hier starteten Hitler, Himmler und Heydrich ihre Karrieren, hier entstanden SS, SA und HJ. Die Stadt München errichtete schon im März 1933 in Dachau das erste Konzentrationslager und blieb bis 1945 Machtzentrale der NSDAP, die Maxvorstadt organisatorisches Zentrum der Partei. Von München aus wurde die rassistische und politische Verfolgung Hunderttausender Deutscher organisiert.

Wäre Deutschland nicht von den Alliierten besiegt worden, hätten die NS-Architekten auch die Stadt bis zur Unkenntlichkeit verwüstet. Die Neu- und Umbaupläne sahen vor, die »Führerstadt« bis Mitte der 1950er Jahre zur Kult- und Weihestadt umzugestalten. Mit bombastischen Gebäuden, kilometerlangen Achsen und Prachtstraßen und einem gigantischen Hitler-Mausoleum.

»111 Orte in München auf den Spuren der Nazi-Zeit« macht dieses Kapitel finsterster deutscher und bayerischer Geschichte sichtbar. Es benennt die Orte der Täter, aber auch die des Widerstands. Und es beschäftigt sich mit der jahrzehntelangen Münchner Geschichte des Wegsehens und Verdrängens.

111 Orte

Jude
UNIVERSITAS
LVDOVICMAXIM
MONA
CENSIS

1 Die Akademie

Wie sich die Kunst den neuen Herren andiente

Nach dem Ersten Weltkrieg begann der gute internationale Ruf der Akademie der Bildenden Künste abzustürzen. Bis dato gehörte die 1886 von Gottfried von Neureuther im Stil der Neorenaissance erbaute Akademie neben Düsseldorf und Paris zu den renommiertesten Kunstschulen Europas. Franz von Stuck, Wilhelm von Kaulbach, Karl Theodor von Piloty und Franz von Lenbach lehrten hier, Wassily Kandinsky, Paul Klee, Elisabet Ney, Max Slevogt und Lovis Corinth waren unter den Studenten. Immer stärker gerieten in den 1920er Jahren Stilrichtungen und Ästhetik in die Hände antimodernistisch-völkischer Professoren, die Akademie verkam zu einem Hort der Reaktion.

Der 1922 berufene Präsident German Bestelmeyer unterwarf sich und die Akademie schon frühzeitig der nationalsozialistischen Kulturpolitik, ab 1933 gänzlich. »Nicht arische« Professoren wurden entlassen, stattdessen wurden auf Geheiß Hitlers Maler wie Adolf Ziegler oder Bildhauer wie Josef Thorak als Professoren an die Akademie berufen. Adolf Ziegler, seit 1929 NSDAP-Mitglied, wurde auf Befehl Hitlers 1936 auch mächtiger Präsident der Kontrollbehörde »Reichskammer der bildenden Künste«, die zuständig war für die Durchsetzung nationalsozialistischer Kunstpolitik. Er organsierte die Beschlagnahme deutscher »Verfallskunst seit 1910« aus den bedeutendsten Sammlungen und Museen. 16.000 Kunstwerke, die nie zurückgegeben wurden. Er und seine Behörde initiierten auf Anordnung Joseph Goebbels' die Diffamierungsausstellung »Entartete Kunst«.

Die Professorenriege der Akademie verlieh ihrem »Künstlerkollegen« Hitler anlässlich der Grundsteinlegung zum »Haus der Deutschen Kunst« die Ehrenmedaille in Gold für »Verdienste um die Kunst«. Und Akademieprofessoren gestalteten den völkisch-germanischen Festumzug »2.000 Jahre Deutsche Kultur« durch München anlässlich der Eröffnung des »Hauses der Deutschen Kunst« 1937.

Umzug durch die Stadt anlässlich der »Großen Deutschen Kunstausstellung« 1937

Adresse Akademiestraße 2–4, 80799 München | **Anfahrt** U 3/6, Haltestelle Universität | **Und heute** Die Akademie der Bildenden Künste München ist erneut eine führende Adresse. Einen Hinweis auf ihre »braune« Vergangenheit gibt es nicht.

2 Der Alte Botanische Garten

Neptun in Siegerpose

Der Alte Botanische Garten, wie er sich heute präsentiert, ist ein Produkt der Nazi-Architektur. Die Umgestaltung des ursprünglich zwischen 1804 und 1814 durch Friedrich von Sckell erbauten Gartens nach Plänen des Architekten Paul Ludwig Troost hatte Adolf Hitler nach der Machtübernahme 1933 persönlich in Auftrag gegeben. Denn nach einer verheerenden Feuersbrunst 1931 war der von Maximilian II. anlässlich der Ersten Allgemeinen Deutschen Industrieausstellung 1854 in Auftrag gegebene knapp 240 Meter lange und 25 Meter hohe Glaspalast komplett vernichtet worden. Dieser Glaspalast an der Nordseite des Parks war Ort regelmäßiger großer Kunstaustellungen und Industrieshows und gehörte zum Zentrum des gesellschaftlichen Münchner Lebens. Rund 3.000 Kunstwerke, Bilder und Skulpturen wurden durch die Brandkatastrophe zerstört. Eigentlich sollte es einen Nachfolgebau am Botanischen Garten geben, aber Hitler entschied, den neuen Ausstellungsbau am nördlichen Punkt des Englischen Gartens zu errichten: das »Haus der Deutschen Kunst«.

Von 1935 bis 1937 entstand der mächtige Neptunbrunnen inmitten des Parks. Der Architekt Oswald Bieber entwarf das zentral im Garten gelegene, 30 mal 15 Meter große Bassin, der von Hitler hochgeschätzte Bildhauer Josef Wackerle die Neptunfigur mit Dreizack und Tunika, neben einem aus den Fluten auftauchenden muskulösen Heroen in Siegerpose.

Wo einst der Glaspalast stand, errichtete Oswald Bieber den Kunstpavillon als Ausstellungsraum, quasi als kleinen Nachfolger des Glaspalastes. Und an der Arcisstraße entstand das Park Café, ein Kaffeehaus mit Biergarten im historisierenden Stil mit vorgelagerten Portalsäulen, da, wo einst der Eingang zum Glaspalast war.

Eine Architektur ganz im Stil vieler anderer Bauten des Parteiviertels der Maxvorstadt.

Eröffnung des Botanischen Gartens durch Gauleiter Adolf Wagner 1937

Adresse Sophienstraße und Elisenstraße, 80333 München (Maxvorstadt) | Anfahrt U 4/5, Haltestelle Karlsplatz (Stachus) | Und heute Der Alte Botanische Garten ist immer noch eine innerstädtische Oase. Der im Krieg zerstörte Neptunbrunnen und der Kunstpavillon, der seit 1950 als Ausstellungsbau genutzt wird, wurden früh wiederaufgebaut.

3 Das Alte Rathaus

Hier rief Goebbels die Reichspogromnacht aus

Es war der 9. November 1938. Wie in jedem Jahr zelebrierte die NS-Führung mit viel Pomp den Jahrestag des Hitlerputsches von 1923, der traditionell mit einem »intimen« Treffen der Parteiführung mit Funktionären und SA-Führern im gotischen Festsaal des Alten Rathauses am Marienplatz endete. Am Abend zuvor hatte Hitler seine Rede vor »Alten Kämpfern« im Bürgerbräukeller gehalten, wild und zügellos wie immer, mit Hasstiraden auch gegen das »internationale Judentum«. Seit Tagen schon wurde deutschlandweit Stimmung gegen Juden gemacht. Der Vorwand: das Attentat eines jungen jüdischen Polen auf den deutschen Legationssekretär Ernst vom Rath in Paris wenige Tage zuvor.

Während des Parteiempfangs im Alten Rathaus, es war gegen 21 Uhr, erfuhr Hitler vom Tod des jungen Diplomaten, der auch Mitglied der NSDAP und der SA gewesen war. Hitler beriet sich mit Propagandaminister Joseph Goebbels und verließ um 22 Uhr das historische Rathaus. Minuten später hielt Goebbels vor den NS-Kämpfern eine flammende Hetzrede gegen die Juden, die er für den Tod Raths verantwortlich machte. Er lobte den angeblich »spontanen« Volkszorn gegen alles Jüdische, forderte die Gauleiter und SA-Führer zum Handeln auf. Die Rede war kurz, aber von weitreichender Wirkung. Ab 22.30 Uhr kabelten die Parteifunktionäre ihren Dienststellen die Weisung, jüdische Synagogen und Geschäfte zu zerstören, Tausende jüdische Bürger als Exempel harten Durchgreifens zu verhaften. Die NS-Führung hatte endlich ihren Grund zum lange geplanten Pogrom gegen die Juden. Um 23 Uhr wurden die ersten Synagogen angezündet. In ganz Deutschland brannten in dieser Nacht und in den folgenden Tagen die jüdischen Gotteshäuser, zogen Nazi-Horden plündernd und zerstörend durch die Straßen. In München wurden 700 Geschäfte und Betriebe demoliert, rund 1.000 jüdische Bürger willkürlich verhaftet, schikaniert und nach Dachau deportiert.

Adresse Marienplatz 15, 80331 München (Altstadt) | **Anfahrt** U 3/6, Haltestelle Marienplatz | **Und heute** Außen am Alten Rathaus ist eine Gedenktafel angebracht, die an die »antijüdischen Ausschreitungen« erinnert.

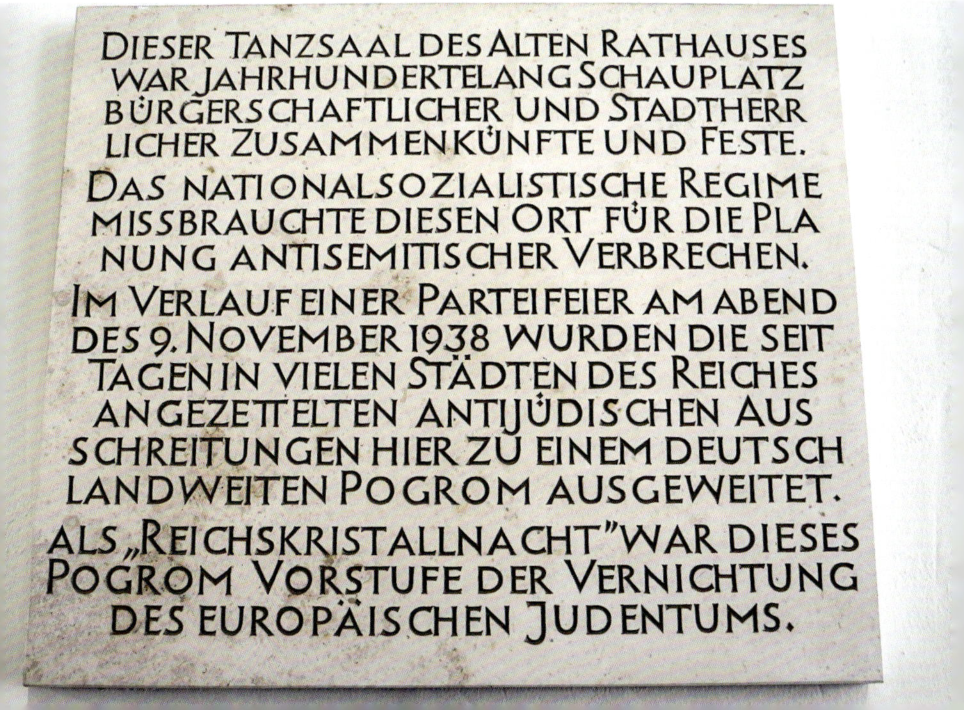

4 Das Altheimer Eck

Der Hass der Nazis auf die »Münchener Post«

Als 1970 die »Münchener Post« durch den späteren Oberbürgermeister Christian Ude am Oberanger wiederbegründet wurde, wollten junge Münchner Sozialdemokraten anknüpfen an ein Stück demokratischer städtischer Zeitungstradition, die von den Nazis 1933 brutal zerschlagen worden war. Christian Ude blieb bis zur Einstellung des Blattes 1990 ehrenamtlicher Redaktionsleiter.

Es war der 9. März 1933 kurz nach der »Machtergreifung«, der Tag, an dem Franz Xaver Epp von den Nationalsozialisten zum Reichskommissar für Bayern eingesetzt worden war. Wenige Stunden später marschierte ein SA-Trupp zum Altheimer Eck und stürmte die Redaktionsräume, verwüstete die Büros, schleuderte Manuskripte und Schreibmaschinen aus den Fenstern und zertrümmerte die Druckmaschinen. Mehrere Redakteure wurden verhaftet, das Vermögen des Verlags beschlagnahmt, die Zeitung unwiderruflich verboten. Die Nazis konnten endgültig mit der von ihnen so gehassten »Münchener Pest«, wie Hitler das Blatt gern schmähte, abrechnen.

Jahrelang war den Faschisten die traditionsreiche, 1888 gegründete »Münchener Post« ein Dorn im Auge. Bereits 1923 war die Redaktion im Zuge des Hitlerputsches von Schlägertrupps der Nationalsozialisten überfallen und verwüstet worden. Denn die Zeitung, eines der wichtigsten sozialdemokratischen Organe Deutschlands, hatte schon früh den publizistischen Kampf gegen die Nationalsozialisten aufgenommen, deren völkische Weltanschauung und ihr Spitzenpersonal kritisiert. Reportagen über die vermeintlichen homosexuellen Vorlieben Ernst Röhms oder den Selbstmord von Hitlers Nichte Geli Raubal entfachten 1931 den Zorn der Nazis immer stärker, vor allem die Attacken gegen Adolf Hitler selbst, die ihn als gescheiterte Existenz voller Minderwertigkeitskomplexe entlarvten und ihm Größenwahn, Judenhass und die Bekämpfung aller demokratischen Strukturen attestierten.

SA-Männer nach der Demolierung der Redaktionsräume der »Münchener Post«

Adresse Altheimer Eck 13, 80331 München (Altstadt) | **Anfahrt** U 4/5, Haltestelle Karlsplatz (Stachus); U 1/2/3/6/7/8, Haltestelle Sendlinger Tor | **Und heute** Am erhaltenen beziehungsweise restaurierten Hauptgebäude mit der markanten Einfahrt, in dem heute Anwaltskanzleien, Ärzte, ein Legasthenie-Zentrum und eine Thai-Massage residieren, erinnert nichts an die Druckerei und die Redaktion der »Münchener Post«.

5 Die »Arisierungsstelle«

Die systematische Beraubung jüdischer Bürger

Hinter der Fassade dieser schicken Adresse in der Widenmayerstraße residierte ab Frühjahr 1939 der Teufel in Gestalt der organisatorischen Zentrale der Münchner Judenverfolgung. Er handelte willkürlich, schikanös, basierend auf einer 1938 voller Zynismus erlassenen antijüdischen Gesetzgebung und beliebigen Verordnungen. Nach außen hieß die Behörde in verharmlosendem Verwaltungsdeutsch »Vermögensverwertung München GmbH«. Dahinter verbarg sich das Terrorregime der »Arisierung« als Außenstelle der Finanzverwaltung. Besonders pikant: NSDAP-Gauleiter Adolf Wagner war selbst Gesellschafter der »Vermögensverwertung«. Was 1933 an Ausgrenzung und Verfolgung der Juden mit dem »Judenboykott« begann und in der Reichspogromnacht 1938 eskalierte, fand jetzt sein systematisches Ende: die endgültige Überführung jüdischen Vermögens in »arische« Hände, die »Entjudung« der Münchner Gesellschaft.

Die Folge: Existenzvernichtungen, Ausplünderungen, Deportationen. Es handelte sich um die »umfassendste und systematischste Raubaktion der modernen Geschichte« (Baumann / Heusler in »München arisiert«). Mit unzähligen Profiteuren aus der Mitte der Münchner Bürgerschaft, die sich über enteignete jüdische Geschäfte, Autos, Warenlager, Möbel, Grundbesitz hermachten und alles jüdische Hab und Gut zu günstigsten Konditionen ersteigern und erwerben konnten. Darunter waren konkurrierende Geschäftsleute und viele »liebe« Nachbarn. Vor allem die gewinnträchtige »Entjudung« des Wohnungs- und Immobilienmarktes wurde in der Widenmayerstraße 27, selbst eine geraubte jüdische Immobilie, organisiert. »Die Arisierung jüdischer Gewerbebetriebe ist bis zum Jahresende abzuschließen«, lautete die Verordnung vom 2. Juli 1940. Und dann das grausame Finale: Die Widenmayerstraße 27 organisierte schließlich die Zwangsarbeitseinsätze in Münchner Firmen und die Deportationen der Juden in die Konzentrationslager. Im Juni 1943 meldete die »Arisierungsstelle« ein »judenfreies München« und stellte ihre Tätigkeit ein.

Arisierungsplakat

Adresse Widenmayerstraße 27, 80538 München (Lehel) | **Anfahrt** Bus 100, Haltestelle Reitmorstraße / Sammlung Schack | **Und heute** In der Widenmayerstraße 27 sind Anwalts- und Steuerkanzleien sowie Wirtschaftsprüfungsgesellschaften tätig. Eine Hinweistafel zur »Arisierungsstelle« gibt es nicht.

6 Das Asam-Haus

Kommunistischer Widerstand unter ständiger Lebensgefahr

Im Priesterhaus neben der Asamkirche, im Bibliothekszimmer und auf dem Speicher, wurden ohne Wissen der katholischen Kirche, aber mit Hilfe eines Mitglieds der »Marianischen Studentenkongregation« 1933 zahlreiche Ausgaben des illegalen KPD-Organs »Neue Zeitung« produziert. Gedruckt wurden sie auch in einer Druckerei im Keller des Schreiners Sebastian Steer in der Rottenbucher Straße 25. Das alles geschah, während die KPD-Stadträte und exponierten Parteimitglieder längst in »Schutzhaft« im KZ Dachau saßen. Im August 1933 wurde die Druckerei in Obersendling verraten und 60 Kommunisten verhaftet. Der Redakteur der Zeitung, Walter Häbich, wurde am 1. Juli 1934 im KZ Dachau erschossen.

Auch im Münchner Agfa-Werk der IG Farben, das in der Tegernseer Landstraße 161 als »Camera-Werk« Zünder für Sprengbomben und optische Zielgeräte für die Luftwaffe produzierte, gab es eine größere Widerstandsgruppe Giesinger Kommunisten, die wie viele andere Gruppen von einem KPD-Mitglied an die Gestapo verraten wurde. Der Gestapo war es gelungen, mit Max Troll einen Spitzel in die im Untergrund arbeitenden KPD-Organisationen einzuschleusen. Troll verriet über 250 Personen, die allesamt ins KZ Dachau oder nach Stadelheim kamen. Die meisten von ihnen wurden hingerichtet.

Erst ab 1940 gab es erneut Widerstand von Kommunisten und Sozialisten. Die Gruppe »Antinazistische Deutsche Volksfront« (ADV) um Karl Zimmet und Hans Hutzelmann arbeitete eng zusammen mit der »Brüderlichen Zusammenarbeit der Kriegsgefangenen« (BSW), einer Widerstandsorganisation sowjetischer Kriegsgefangener, deren Zentrale seit Anfang 1943 das Lager in der Schwanseestraße war. Ende 1943 flog die BSW auf. Knapp 400 sowjetische Kriegsgefangene wurden verhaftet. Am 4. September 1944 wurden 92 von ihnen in Dachau exekutiert. Weitere Hinrichtungen folgten. Anfang Januar 1944 dann das Ende auch für die ADV. 20 Mitglieder wurden verhaftet, die meisten ermordet.

Geheime Druckerei der kommunistischen Gruppe in einem Giesinger Keller

Adresse Sendlinger Straße 34, 80331 München (Altstadt) | Anfahrt U 1/2/3/6/7/8, Haltestelle Sendlinger Tor | Und heute Heute ist das Gebäude unmittelbar neben der Asamkirche ein Wohn- und Geschäftshaus.

7_Die Augustenstraße 98

Bei den Olschewskis organisierte sich der Widerstand

Augustenstraße 98, Rückgebäude, erster Stock: Die Wohnung des 1871 geborenen Kaufmanns und Offiziers des Ersten Weltkriegs Wilhelm Olschewski senior: ein Hort des Widerstands. Als Teilnehmer der Novemberrevolution 1918 wurde er zu sieben Jahren Festungshaft in Landsberg verurteilt. 1924 vorzeitig entlassen, trat er der KPD bei und wurde Leitungsmitglied des Münchner KPD-Blattes »Neue Zeitung«. Nach der »Machtergreifung« 1933 wurden Olschewski, sein 1902 geborener Sohn und weitere Genossen in »Schutzhaft« genommen, saßen Monate und Jahre ohne Gerichtsurteil im Gefängnis, viele von ihnen im KZ Dachau. Unmittelbar vor Kriegsbeginn luden die Olschewskis Gleichgesinnte in die Augustenstraße 98 ein, in der auch Sohn Wilhelm und Schwiegersohn Otto Binder wohnten. Es waren Freunde und Genossen, Kommunisten allesamt, die sich seit den 1920er Jahren kannten. Hier konstituierte sich zusammen mit Hans Hartwimmer und Josef Römer eine Widerstandsgruppe, die reichsweit vernetzt mit anderen Gruppen kooperierte und Widerstand organisierte. Das Ziel: in Unternehmen aktiv werden, illegal Betriebszellen gründen und Sabotageakte gegen kriegswichtige Einrichtungen verüben. Die Gruppe verteilte unter Lebensgefahr Flugblätter und Broschüren, entwickelte Pläne für die Zeit nach Hitler, für ein sozialistisches Deutschland.

Anfang 1942 flog die Organisation auf, Vater und Sohn Olschewski und etwa 40 weitere Genossen wurden in München verhaftet. Olschewski senior, der als Kopf des kommunistischen Widerstands in München galt, wurde noch vor Prozessbeginn am 30. April 1943 im Gefängnis Stadelheim erschlagen. Zahlreiche Mitglieder der Gruppe, so auch Wilhelm Olschewski junior und Hans Hartwimmer, wurden im April 1944 vom Volksgerichtshof und vom Oberlandesgericht München wegen Hoch- und Landesverrats zum Tode verurteilt und im Juni 1944 hingerichtet, andere erhielten lebenslange Zuchthausstrafen.

Adresse Augustenstraße 98, 80798 München (Maxvorstadt) | **Anfahrt** U 1/2/8, Haltestelle Theresienstraße; Bus 153/154, Haltestelle Augustenstraße | **Und heute** Das Haus in der Augustenstraße wurde im Krieg zerstört, heute steht dort ein Neubau. 1987 wurde mit dem »Olschewskibogen« eine Straße am Harthof nach Wilhelm Olschewski benannt.

8 Das Ausbesserungswerk

Loks, Waggons und Kriegsgerät aus Freimann

Die Kapazitäten der »Reichsbahn-Centralwerkstätten« unweit des Münchner Hauptbahnhofs reichten nicht mehr aus, sodass die Deutsche Reichsbahn 1927 beschloss, ihr Ausbesserungswerk in den Norden der Stadt zu verlagern. Es ging auf das zwei Jahre zuvor erworbene Areal mit den Fabrikhallen der ehemaligen »Bayerischen Geschützwerke« der Essener Friedrich Krupp AG, der von den Siegermächten nach dem Ersten Weltkrieg jede weitere Rüstungsproduktion untersagt worden war. Die Nationalsozialisten begannen ab 1933 mit dem weiteren Ausbau des Reichsbahn-Ausbesserungswerks (RAW). Riesige Werks- und Maschinenhallen entstanden auf dem 360 Hektar großen Gelände, wo Hunderte Loks und Güterwagen gewartet und instand gesetzt wurden. Mit dem Bau der beiden gigantischen Dampflokrichthallen definierte sich das RAW als Rüstungsbetrieb, neben Lokomotiven und Waggons baute man vor allem Geschütze. Und die Züge der Reichsbahn wurden für Kriegseinsätze und Wehrmachtszwecke umgerüstet. Sie sorgten bis zum Kriegsende für den reibungslosen Transport von Soldaten und Kriegsmaterial an die Front und »transportierten Millionen Menschen quer durch Europa in die Konzentrations- und Vernichtungslager« (NS-Dokumentationszentrum München).

Die Zahl der Beschäftigten in Freimann stieg von knapp 3.000 im Jahr 1938 auf 6.400 im Jahr 1945. Im sich ausweitenden Krieg wurden immer mehr Arbeiter zur Wehrmacht abkommandiert, der Mangel ab 1940 durch Tausende von Fremd- und Zwangsarbeitern aus 25 Nationen ausgeglichen. Die Menschen, die in werkseigenen Baracken hausten, kamen überwiegend aus Osteuropa. Hunderte Häftlinge aus dem nahen KZ Dachau wurden unter erbärmlichen Bedingungen täglich mit dem Zug, von SS-Männern bewacht, nach Freimann gekarrt und abends nach zwölf Stunden harter Arbeit zurück ins Lager gebracht. Einen Schwesterbetrieb des RAW gab es im Münchner Westen am Rande von Neuaubing.

Häftlinge im Reichsausbesserungswerk Freimann 1942

Adresse Lilienthalallee 1, 80807 München (Freimann) | Anfahrt U 6, Haltestelle Freimann; Bus 140/170/171/178/180, Haltestelle Paul-Hindemith-Allee | Und heute Nach dem Krieg übernahm die Bundesbahn das massiv kriegsgeschädigte Gelände und betrieb es bis zur Schließung 1995 weiter. Das ehemalige Ausbesserungswerk Freimann wird gegenwärtig zu einem Industrie- und Gewerbepark ausgebaut. Einige Gebäude und Hallen werden kulturell genutzt.

9 Die Baufirma Moll

Der Firmenpatriarch war jedem Verbrechen zugeneigt

Als die Stadt München am 8. Juni 1938 den »Führerbefehl« zum Abbruch der jüdischen Hauptsynagoge in der Herzog-Max-Straße an das Bauunternehmen Leonhard Moll vergab, hatte der Firmenpatriarch keine Skrupel. Das Unternehmen, das noch 1930/31 die Decke über dem Betsaal der »Synagoge der Ostjuden« in der Reichenbachstraße eingebaut hatte, legte die stolze Synagoge neben dem Künstlerhaus am Lenbachplatz, die den Nazis und besonders Hitler selbst schon lange ein Dorn im Auge war, flach und unterwarf sich damit willfährig dem Diktat des Regimes. Denn die Moll-Gruppe profitierte von der Bauwut der Nationalsozialisten und dem Bauboom der »Hauptstadt der Bewegung«. Molls Großprojekte: das »Haus der Deutschen Kunst«, der Flughafen Riem, der »Führerbau«, der »Verwaltungsbau«, die Neugestaltung des Königsplatzes. Beteiligt war das Unternehmen an Hitlers Berghof am Obersalzberg, am Bau des Westwalls, den U-Boot-Bunkern am Atlantik und an zahlreichen Rüstungsfabriken. In der Hansastraße beschäftigte Moll 1942 in einem eigenen Lager knapp 1.200 Kriegsgefangene und Zwangsarbeiter, kostenloses »Personal«.

Leonhard Moll, eingebunden in das kriegswirtschaftliche System Todt (siehe Ort 10), war in den letzten Kriegsjahren an vorderer Stelle an gigantischen Großprojekten für die Rüstungsindustrie beteiligt, vor allem für die Flugzeugproduktion. Er baute 1944 im Konsortium mit weiteren Bauunternehmen in Kaufering bei Landsberg am Lech die unterirdischen Großbunker für die neue »Wunderwaffe« der Nazis, den ersten Düsenjäger Messerschmitt Me 262, obwohl der Krieg längst verloren war. Rund um die Großbaustellen wurde ein Lagersystem für 30.000 Häftlinge, darunter Zwangsarbeiter, aber vor allem jüdische KZ-Häftlinge, angelegt, die in zwei Zwölf-Stunden-Schichten rund um die Uhr schufteten und zu Hunderten entkräftet ums Leben kamen oder ermordet wurden. Das ausgegebene Programm: »Vernichtung durch Arbeit«.

Abriss der Münchner Hauptsynagoge durch die Baufirma Moll am 24. Juni 1938

Adresse Hansastraße 41, 81373 München (Sendling) | **Anfahrt** Bus 62/130, Haltestelle Hansapark | **Und heute** Die ursprünglich 1894 gegründete Leonhard Moll AG ist nach wie vor ein florierendes Münchner Unternehmen und gehört immer noch maßgeblich der Familie Moll. Im einstigen Firmensitz in der Hansastraße entstanden in den 1980er Jahren der Westpark als Teil der IGA 1983 und Wohnanlagen. Im Zentrum des »Mollgeländes« befindet sich heute das Kultur- und Veranstaltungszentrum »Feierwerk«.

10 Der Baukonzern

Sager & Woerner und die deutschen Autobahnen

Da passte alles zusammen: Fritz Todt arbeitete seit 1921 in dem 1898 gegründeten Bauunternehmen Sager & Woerner, seit 1926 als Technischer Leiter und stellvertretender Geschäftsführer der Abteilung Straßenbau. Ab 1933 machte Todt im Nazi-Staat Karriere, vergaß aber seinen einstigen Arbeitgeber nie. Der Ingenieur wurde Hitlers »Generalinspekteur für das deutsche Straßenbauwesen«, also Chefplaner für das gesamte in Angriff genommene Autobahnnetz, ein einerseits gigantisches Konjunktur- und Arbeitsbeschaffungsprogramm, aber gleichzeitig das Aufmarschsystem für das auf Krieg programmierte NS-Regime. Bereits seit 1930 hatte Todt in einem Stab von Hitler-Stellvertreter Rudolf Heß Pläne für neuartige Schnellstraßen für Deutschland ausgetüftelt.

Der Familienbetrieb Sager & Woerner, der in München zahlreiche Brücken gebaut hatte – die Reichenbach-, Cornelius-, Maximilians- und Wittelsbacherbrücke – und damit eine der ersten Adressen im Tief- und Straßenbau war, sollte von dieser Beziehung profitieren wie kaum ein zweites Bauunternehmen im Reich. Sager & Woerner erhielt für den gesamten deutschen Autobahnbau höchst lukrative Aufträge, beginnend mit der Planung und Fertigstellung der Autobahn München–Salzburg.

Aber das war erst der Anfang: Als Fritz Todt 1938 Generalbevollmächtigter für die deutsche Bauwirtschaft und 1940 Reichsminister für Bewaffnung und Munition wurde und schließlich der sogenannten »Organisation Todt« vorstand, der paramilitärischen Bautruppe Nazideutschlands, baute das Allacher Unternehmen in Deutschland und den besetzten Gebieten Militärflughäfen, Kasernen sowie Fabriken und war am mehrere hundert Kilometer langen Westwall an der französischen Grenze und am Atlantikwall beteiligt. Das expandierende Unternehmen baute auf dem Firmengelände in Allach neue Werkstätten und Montagehallen, aber auch ein Lager für Zwangsarbeiter, Kriegsgefangene und KZ-Häftlinge.

Die neue Autobahn München-Salzburg

Adresse Ludwigsfelder Straße 11, 80997 München (Allach) | Anfahrt S 2, Haltestelle Allach, von da Bus 160/164, Haltestelle Franz-Nißl-Straße | Und heute Nach dem Krieg stieg der Familienbetrieb Sager & Woerner erneut zu einem der größten deutschen Bauunternehmen auf. Nach zahlreichen Fusionen gehört der Straßenbau des Unternehmens heute zur Strabag-Gruppe. Das Hauptlager der Baufirma Sager & Woerner in Allach gibt es noch. Das alte Firmengelände liegt teilweise brach.

11 Das Bernheimer-Palais

Die Kaffeeplantage von Görings Tante

Das Palais am Lenbachplatz galt seit der Jahrhundertwende als eine der ersten Adressen Münchens für Luxusgüter wie exquisites Mobiliar, Kunst und ausgesuchte Antiquitäten. Ein Haus von internationalem Renommee. Selbst die Nationalsozialisten orderten für ihre protzigen Repräsentationsbauten über Mittelsmänner beim verhassten jüdischen Bernheimer. Das mondäne Einrichtungshaus, 1888 vom Architekten Friedrich von Thiersch im Neubarockstil errichtet, 1910 durch einen weitläufigen Komplex zur Ottostraße hin ergänzt, geriet ab 1933 in wirtschaftliche Turbulenzen. Nach den Aufrufen zum »Judenboykott« (»Kauft nicht bei Juden!«), von dem in München rund 600 jüdische Geschäfte und Einrichtungen betroffen waren, blieb zunehmend auch die Klientel der Bernheimers aus. In der Reichspogromnacht vom 9. auf den 10. November 1938 randalierten SA- und NS-Mob in den Verkaufsräumen, wurden die Auslagen geplündert, Otto Bernheimer und seine Söhne verhaftet und ins Konzentrationslager nach Dachau verschleppt, misshandelt und schließlich in die Keller der Gestapo ins Wittelsbacher Palais verbracht. Währenddessen bedienten sich die nationalsozialistischen Parvenüs, der Münchner Gauleiter Adolf Wagner und der NS-Wirtschaftsstadtrat Christian Weber, am Interieur des Bernheimer-Hauses. Der gesamte Besitz wurde beschlagnahmt und der sogenannten »Kunsthandelsgesellschaft München« überschrieben, deren Vorsitzender der Gauleiter persönlich war, dann an Museen verteilt oder an Nazi-Bonzen verscherbelt.

Ihr Überleben verdankten die Bernheimers der Intervention des damaligen mexikanischen Präsidenten, denn der Firmenpatriarch Otto Bernheimer war Honorarkonsul Mexikos in München. Und einem absurden Deal mit Hermann Göring, der sich die Firma eigentlich selbst unter den Nagel reißen wollte. Otto Bernheimer wurde von Göring gezwungen, die heruntergekommene Kaffeeplantage von dessen Tante in Venezuela für einen astronomischen Betrag zu kaufen. Andernfalls würden er und seine Familie Deutschland nicht lebend verlassen.

Demolierte Ostseite des Palais am 9/10. November 1938

Adresse Lenbachplatz 3, 80333 München (Maxvorstadt) | **Anfahrt** U 4/5, Haltestelle Karlsplatz (Stachus); Tram 19, Haltestelle Lenbachplatz | **Und heute** Zurück aus dem Exil, erhielt Otto Bernheimer 1948 die »arisierte« Kunsthandlung zurück und eröffnete dort erneut ein Antiquitäten- und Kunsthaus. Ab 1977 von seinem Enkel Konrad O. Bernheimer weitergeführt, wurde der Komplex 1987 verkauft. Heute befinden sich an der noblen Adresse am Lenbachplatz Geschäfte und Büros.

12 Das BMW-Werk Allach

KZ-Häftlinge quälen bis zum Ende

München war das Zentrum der deutschen Rüstungsproduktion und der nationalsozialistischen Kriegswirtschaft, BMW ihr bedeutendster Hersteller. Schon kurz nach der Machtübernahme stellte sich das größte Münchner Unternehmen, der wichtigste private Arbeitgeber der Stadt, in den Dienst der neuen Herren. Die massive, auf einen Krieg hinsteuernde Aufrüstung durch das NS-Regime, vor allem die rasante Hochrüstung der Luftwaffe, ließ BMW bis 1945 Zehntausende Flugzeugmotoren bauen, darunter eines der ersten serienmäßig hergestellten Strahlentriebwerke der Welt. Die Renditen der Eigentümer sprudelten.

Neben dem Stammwerk in Milbertshofen wurde 1934 die »BMW Flugmotoren GmbH« gegründet und innerhalb von 18 Monaten im Allacher Forst mit der »Flugmotoren Fabrik Allach GmbH« ein neues Flugzeug-Werk errichtet. 1938 begann die Produktion, 1942 machte der Flugmotorenbau 90 Prozent des Konzernumsatzes aus. Oder anders: Durch die Rüstungsaufträge explodierte der BMW-Umsatz von 22 Millionen Reichsmark 1933 auf 653 Millionen im Jahr 1945. Für die Arbeiter war das System BMW die Hölle auf Erden, ein Martyrium der Erniedrigung und Ausbeutung.

Als deutsche Arbeiter verstärkt zum Kriegsdienst herangezogen wurden, rekrutierte BMW zur Deckung des Arbeitskräftebedarfs Zwangsarbeiter, KZ-Häftlinge und Kriegsgefangene. Bei einer konzernweiten Belegschaft von 56.000 beschäftigte BMW mehr als 30.000 dieser Personengruppen. BMW baute gegenüber dem Allacher Flugzeugwerk ein KZ-Außenlager, das größte im Münchner Lagersystem. Aus dem KZ Dachau rekrutierte das Unternehmen einen nie versiegenden Nachschub an Arbeitern, allein 8.000 Häftlinge lebten in den Allacher Baracken. Mehr als 20.000 Häftlinge arbeiteten unter unmenschlichen Bedingungen an der Herstellung von Flugzeugmotorenteilen und am Bau unterirdischer Betonhallen zum Schutz vor den immer stärker werdenden alliierten Luftangriffen.

Häftlinge des KZ Dachau bei der Zwangsarbeit

Adresse Dachauer Straße 665, 80995 München (Allach) | **Anfahrt** S 2, Haltestelle Karlsfeld (Gewerbegebiet MAN/MTU); Bus 172/710, Haltestelle Kristallstraße | **Und heute** Auf dem Gelände der BMW Flugmotoren-Werke werden heute Triebwerke der MTU Aero Engines gebaut.

13 Das »Braune Haus«

Die Parteizentrale im repräsentativen Stadtpalais

Hitler selbst hatte darauf gedrängt, die Parteizentrale der NSDAP in einen repräsentativen Bau zu verlegen, am liebsten umgeben vom klassizistischen Ensemble Ludwigs I., dem er sich in maßloser Selbstüberschätzung verwandt fühlte. Er und seine engsten Vertrauten, die bis dahin in der viel zu kleinen Parteizentrale in der Schellingstraße 50 saßen – die Mitgliederzahl der NSDAP war von Anfang 1921 von 3.000 bis Ende 1923 auf 55.000 hochgeschnellt, 1930 waren es knapp 400.000 –, hatten sich das 1828 vom königlichen Hofbaurat Jean Baptiste Métivier erbaute Anwesen in der Brienner Straße 55 zwischen Königs- und Karolinenplatz ausgesucht. Gebäude und Lage des Stadtpalais erschienen der Parteiführung repräsentativ und angemessen. 805.000 Goldmark, finanziert durch die Schwerindustriellen Fritz Thyssen und Friedrich Flick, zahlte die Partei im Mai 1930 an die Witwe des englischen Kaufmanns Willy Barlow, der die Stadtvilla 1877 erworben hatte.

Der klassizistische dreistöckige Bau wurde vom späteren »Ersten Baumeister des Führers« Paul Ludwig Troost nach den Plänen Hitlers von der Stadtvilla in ein Bürogebäude mit vielen NS-Insignien und Repräsentationsräumen umgebaut, inklusive Fahnenhalle, Standarten- und Senatorensaal. Hitler und sein Stellvertreter Heß residierten ab 1931 im ersten Stock, die Reichspressestelle im zweiten und die Reichsführung-SS sowie das Parteiarchiv im dritten Stock. Pikanterie am Rande: Ein großes Porträt des US-amerikanischen Industriellen Henry Ford, der fasziniert von Hitler und den Nazis war, hing hinter Hitlers Schreibtisch, ebenso wie ein Gemälde Friedrichs des Großen.

Das »Braune Haus« – so nannte die Parteiführung der NSDAP ihre neue Zentrale – wurde zum Zentrum der anschließend durch Paul Ludwig Troost entstandenen Parteibauten am Königsplatz, darunter der »Führerbau« und der »NS-Verwaltungsbau«. 1944 wurde das »Braune Haus« nahezu vollständig zerstört, 1947 ganz abgerissen.

Das »Braune Haus«

Adresse Max-Mannheimer-Platz 1 (früher Brienner Straße 55), 80333 München (Maxvorstadt) | **Anfahrt** U 2, Haltestelle Königsplatz; Tram 27, Haltestelle Karolinenplatz | **Und heute** Auf der bis 2012 unbebauten Brache wurde am 30. April 2015, mehr als 80 Jahre nach Eröffnung der Parteizentrale der Nazis, das NS-Dokumentationszentrum eingeweiht.

14 Die »Bücherverbrennung«

Vandalismus in der Uni und am Königsplatz

Am 10. Mai 1933 brach sich der akademische Mob Bahn. Organisiert von den Studenten beider Münchner Hochschulen zur sogenannten »Feier der nationalen Revolution«, zog ein Fackelzug, von Musikkapellen begleitet, vorbei an Tausenden johlender Menschen von der Ludwig-Maximilians-Universität in der Ludwigstraße zum Königsplatz. Zuvor hatte es mit viel Pomp eine Kundgebung im Lichthof der LMU gegeben. Alle bayerischen Radiosender berichteten live von der Bücherverbrennung, organisiert und durchgeführt vom 1926 gegründeten Nationalsozialistischen Deutschen Studentenbund, der seit 1930 den AStA (Allgemeiner Deutscher Studenten-Ausschuss) dominierte.

Die Münchner Stadtchronik hielt fest: »22.30 Uhr Fackelzug der gesamten Studentenschaft vorbei an der mit einer roten Flammenkette geschmückten Feldherrnhalle zur öffentlichen Feier auf dem mit Flaggen und girlandenbekränzten Pylonen festlich ausgestatteten Königsplatz. In Anlehnung an das ›Wartburgfest‹ Verbrennung von volkszersetzenden Schriften kommunistischer, marxistischer, pazifistischer Haltung (vielfach aus jüdischer Feder stammend) als Symbol der Abkehr vom undeutschen Geist.«

Am Königsplatz warteten über 50.000 fanatische Schaulustige. Selbst strömender Regen konnte der Menge und den Flammen des riesigen Bücherhaufens auf der Fläche vor der Staatlichen Antikensammlung nichts anhaben. Unter dem Jubel der Menge wurden, wie auch in anderen deutschen Universitätsstädten, Bücher pazifistischer, jüdischer, marxistischer und missliebiger Schriftsteller in die lodernden Flammen geworfen. Es waren die Werke von Bertolt Brecht, Albert Einstein, Lion Feuchtwanger, Heinrich Mann, Kurt Tucholsky und Sigmund Freud. Begleitet von sogenannten »Feuersprüchen«. Heinrich Heine sollte recht behalten: »Dort, wo man Bücher verbrennt, verbrennt man auch am Ende Menschen.«

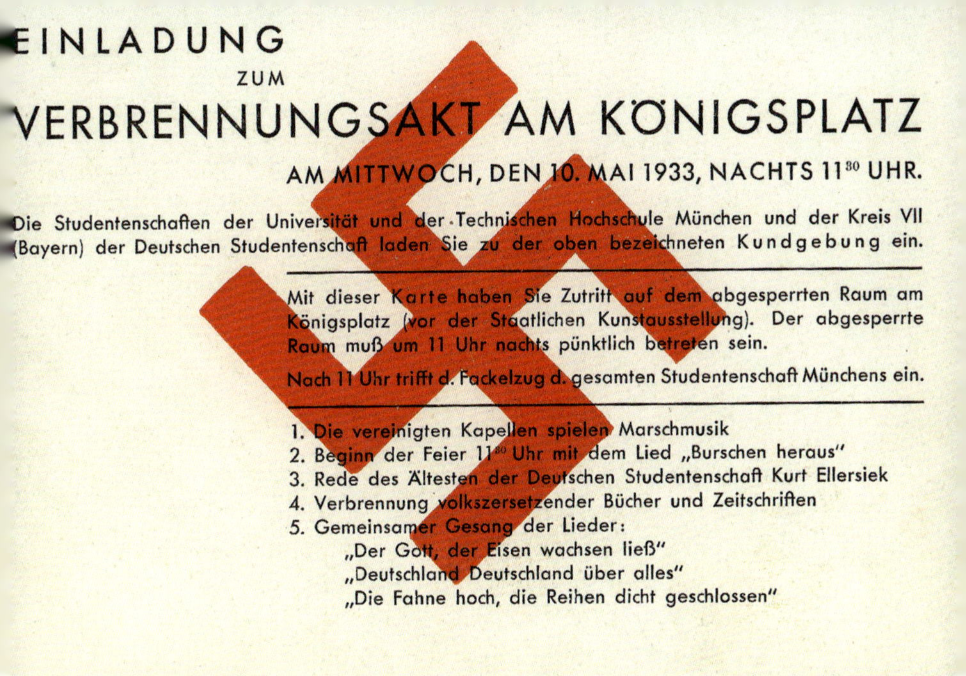

EINLADUNG
ZUM
VERBRENNUNGSAKT AM KÖNIGSPLATZ

AM MITTWOCH, DEN 10. MAI 1933, NACHTS 11[30] UHR.

Die Studentenschaften der Universität und der Technischen Hochschule München und der Kreis VII (Bayern) der Deutschen Studentenschaft laden Sie zu der oben bezeichneten Kundgebung ein.

Mit dieser Karte haben Sie Zutritt auf dem abgesperrten Raum am Königsplatz (vor der Staatlichen Kunstausstellung). Der abgesperrte Raum muß um 11 Uhr nachts pünktlich betreten sein.

Nach 11 Uhr trifft d. Fackelzug d. gesamten Studentenschaft Münchens ein.

1. Die vereinigten Kapellen spielen Marschmusik
2. Beginn der Feier 11[30] Uhr mit dem Lied „Burschen heraus"
3. Rede des Ältesten der Deutschen Studentenschaft Kurt Ellersiek
4. Verbrennung volkszersetzender Bücher und Zeitschriften
5. Gemeinsamer Gesang der Lieder:
   „Der Gott, der Eisen wachsen ließ"
   „Deutschland Deutschland über alles"
   „Die Fahne hoch, die Reihen dicht geschlossen"

Einladungskarte der Münchner Studenten zur Bücherverbrennung am 10. Mai 1933

Adresse Königsplatz, 80333 München (Maxvorstadt) | **Anfahrt** U 2, Haltestelle Königsplatz; Tram 27, Haltestelle Karolinenplatz | **Und heute** Ab 2018/19 soll auf dem Königsplatz ein in den Boden eingelassenes spiralförmiges Mahnmal des amerikanischen Künstlers Arnold Dreyblatt, das die verbrannten Buchtitel benennt, an die Nacht des 10. Mai 1933 erinnern.

15 Das Buchgewerbehaus

Hass und Häme des »Völkischen Beobachters«

Bereits 1887 als »Münchener Beobachter« gegründet, wurde die bis dahin unbedeutende Zeitung mit der Übernahme durch die ultrarechte, überwiegend aus Adeligen und Großbürgern bestehende Thule-Gesellschaft 1918, die früh mit der Nazi-Partei sympathisierte, 1919 in »Völkischer Beobachter« umbenannt. Am 17. Dezember 1920 erfolgte wegen geringer Auflage der Verkauf an die NSDAP als deren Parteiorgan und Propagandablatt für 115.000 Reichsmark. Vermittelt hatte das Geschäft der einflussreiche antisemitische und deutschnationale Schriftsteller und Journalist Dietrich Eckart mit besten Kontakten zum Münchner Großbürgertum und zu finanzkräftigen Kreisen. Eckart war begeistert vom jungen Hitler und sah in ihm früh den »Retter Deutschlands«. Als Bürge für die NSDAP hatte er den Kauf des »Völkischen Beobachters« möglich gemacht und fungierte zwischen 1921 und 1923 als dessen erster Hauptschriftleiter.

Nach dem gescheiterten Putsch vom 9. November 1923 und dem zwischenzeitlichen Verbot des »Völkischen Beobachters« übernahm Alfred Rosenberg das »Kampfblatt der nationalsozialistischen Bewegung Großdeutschlands«. Jetzt erschien die Zeitung überregional und täglich, gedruckt auf einer von Gönnern finanzierten amerikanischen Rotationsmaschine in übergroßem Format, und wuchs aus kleinsten Anfängen zu einem propagandistischen Massenblatt mit einer täglichen Auflage von 1,7 Millionen Exemplaren im Jahr 1944. Redaktion und Druckerei des rechtsradikalen und antisemitischen Sprachrohrs der NSDAP saßen im Buchgewerbehaus M. Müller & Sohn in der Schellingstraße 39/41.

In dem von den Amerikanern bei Kriegsende beschlagnahmten und weitgehend unzerstört gebliebenen Buchgewerbehaus wurde auf den Druckmaschinen des Hetzblattes am 17. Oktober 1945 erstmals die von den Amerikanern zur »Reedukation« der Deutschen herausgegebene »Neue Zeitung« gedruckt. Wenige Jahre später zog der Springer-Verlag mit »Bild München« in das Buchgewerbehaus ein.

Norddeutsche Ausgabe / Ausgabe A

31. Ausg. * 46. Jahrg. * Einzelpreis 20 Pf.

Ausgabe A / Norddeutsche Ausgabe

Berlin, Dienstag, 31. Januar 1933

VÖLKISCHER BEOBACHTER

Herausgeber Adolf Hitler

Kampfblatt der national-sozialistischen Bewegung Großdeutschlands

Ein historischer Tag:

Erste Maßnahmen der Reichsregierung Hitler

Interview des „Völkischen Beobachters" mit dem Reichsinnenminister Frick – Tagung des neuen Kabinetts

Der Reichspräsident von Hindenburg hat Adolf Hitler zum Reichskanzler ernannt. Der neuen Regierung werden neben Adolf Hitler als Reichskanzler der frühere Minister Pg. Frick als Reichsinnenminister und der Reichstagspräsident Pg. Goering als Reichsminister ohne Geschäftsbereich und Reichskommissar für den Luftverkehr angehören. Pg. Goering wird gleichzeitig mit der Wahrnehmung der Geschäfte des Preußischen Innenministeriums betraut.

Berlin, 30. Januar.

Die im Anschluß an die Ernennung Adolf Hitlers herausgegebene amtliche Mitteilung hat folgenden Wortlaut:

„Der Reichspräsident hat Herrn Adolf Hitler zum Reichskanzler er-

Der »Völkische Beobachter« – Parteiorgan der Nazis

Adresse Schellingstraße 39/41, 80799 München (Maxvorstadt) | **Anfahrt** U 3/6, Haltestelle Universität; Tram 27, Haltestelle Schellingstraße | **Und heute** Heute ist der Gebäudekomplex nach wiederholter Sanierung und einem Umbau im Jahre 1970 eine Büro- und Wohnanlage.

16 Der Bürgerbräukeller I

Als Hitler in die Decke schoss

Der Bürgerbräukeller an der Rosenheimer Straße war mit dem Aufstieg der Nazis verbunden wie kaum ein anderer Ort in München. Hier proklamierten die Nationalsozialisten am Abend des 8. November 1923 den Umsturz und die Absetzung der Reichsregierung in Berlin und die Errichtung einer neuen nationalen und bayerischen Regierung. Der »Provisorischen Deutschen National-Regierung« sollten Adolf Hitler als Reichskanzler und General Erich Ludendorff als Oberbefehlshaber der deutschen Armee angehören.

Einem Coup gleich hatten Hitler und eine bewaffnete SA-Truppe den großen Saal gestürmt, während gerade der bayerische Generalstaatskommissar Gustav Ritter von Kahr vor mehr als 2.000 Zuhörern sprach. Hitler schoss in die Saaldecke, ging ans Rednerpult und rief die »nationale Revolution« aus. Die bayerische Führung willigte unter Zwang ein, die Revolte zu unterstützen, widerrief aber schon in der Nacht.

Am 9. November marschierten Hitler und seine Entourage, der »Stoßtrupp Hitler«, das »SA-Regiment München« und der »Bund Oberland«, vom Bürgerbräukeller durch die Innenstadt, in der Absicht, die Bevölkerung hinter sich zu versammeln. An der Feldherrnhalle stellte sich den Putschisten die Bayerische Landespolizei in den Weg. Es kam zu einer Schießerei mit 16 toten Nationalsozialisten. In der Folge des Putsches wurde die NSDAP zwischenzeitlich verboten, ihre Auflösung verfügt. Am 27. Februar 1925 erfolgte dann im Bürgerbräukeller die Neugründung der NSDAP vor über 2.000 Getreuen und Kampfgefährten. Hitler schwor die Anwesenden auf sich und die Partei ein. Ab 1933 zelebrierten Hitler und die Parteiführung alljährlich am Abend des 8. November im Bürgerbräukeller ihre Gedenkfeier für die Opfer des Putsches mit einer zentralen Rede Hitlers an seine Kampfgefährten und dem bombastischen Propagandamarsch durch die mit Hakenkreuzfahnen geschmückte Innenstadt zur Feldherrnhalle und zum Königsplatz.

Hitler vor »Alten Kämpfern« der NSDAP am 8. November 1938

Adresse Rosenheimer Straße 11, 81667 München (Haidhausen) | **Anfahrt** S 1/2/3/4/6/7/8, Tram 15/25, Haltestelle Rosenheimer Platz | **Und heute** An der Stelle des früheren Bürgerbräukellers steht seit 1984 das mächtige Kulturzentrum Gasteig mit der Münchner Philharmonie, der Stadtbibliothek und dem Sitz der GEMA.

17 Der Bürgerbräukeller II

Als Georg Elser die Bombe explodieren ließ

Der Bürgerbräukeller war auch an diesem 8. November 1939 bis auf den letzten Platz besetzt. Knapp 2.000 Parteigänger der NSDAP drängelten sich, warteten auf die traditionelle Rede Adolf Hitlers, die er in Erinnerung an den Putschversuch von 1923 seit 1933 jährlich hielt. Der Badenweiler Marsch erklang, Hitler zog mit seinem Gefolge durch die jubelnden Reihen und zum Rednerpult vor der mittigen Säule, die die mächtige Saaldecke des Bürgerbräukellers hielt. Während der »Führer« seine Hasstiraden in den verrauchten und bierseligen Saal schleuderte, tickte hinter dem Rednerpult die Zeitbombe, die den Krieg verhindern sollte. Die Bombe des 36-jährigen schwäbischen Kunsttischlers Georg Elser. Der Zünder stand auf 21.20 Uhr.

Ein Jahr lang hatte Elser an dem Plan, Hitler zu beseitigen, getüftelt. In einer kleinen, in München angemieteten Werkstatt in der Türkenstraße 59 hatte er die Bombe mit dem komplizierten Zünder gebaut und zusammengesetzt. Nächtelang hatte er sich heimlich im Bürgerbräukeller einschließen lassen, um die Säule auszuhöhlen, die Bombe zu installieren. Dann kam alles anders.

Abweichend von all den Jahren zuvor beendete Hitler seine Rede an diesem 8. November bereits um 21 Uhr. Wenig später verließ er mit seiner Entourage den Bürgerbräukeller, um den Sonderzug um 22 Uhr zurück nach Berlin zu erreichen, da sein Flugzeug wegen schlechten Wetters nicht starten konnte. 13 Minuten später detonierte die Bombe, der Bürgerbräukeller flog in die Luft. Die mächtige Betondecke krachte auf das Rednerpult. Acht Menschen starben, über 60 wurden verletzt.

Georg Elser wurde am selben Abend, noch bevor die Bombe explodierte, auf dem Weg zur Schweizer Grenze eher zufällig verhaftet. Die Gestapo verhörte und folterte ihn, behauptete, der britische Geheimdienst stehe hinter dem Anschlag, brachte ihn ins KZ Sachsenhausen und im Winter 1944/45 schließlich ins KZ Dachau. Am 9. April 1945 wurde er auf Hitlers Befehl ermordet.

Der Bürgerbräukeller nach dem Attentat am 9. November 1939

Adresse Rosenheimer Straße 11, 81667 München (Haidhausen) | **Anfahrt** S 1/2/3/4/6/7/8, Tram 15/25, Haltestelle Rosenheimer Platz | **Und heute** Eine 1989 eingeweihte Gedenktafel am Gasteig ehrt Georg Elser genau an der Stelle, an der die Säule und das Rednerpult des Bürgerbräukellers gestanden haben. Unweit der Gedenkplatte hängt im Gasteiggebäude in einem Fenster eine Informationstafel über Georg Elser. 2017 gestalteten zwei Münchner Street-Art-Künstler ein 22 Meter hohes und 17 Meter breites Georg-Elser-Graffito auf einer Hausfassade im Hof des Münchner Pressehauses Bayerstraße.

18 Der Bürgersaal

Rupert Mayer ließ sich nie beirren

Die Münchner verehren *ihren* Rupert Mayer über alle Maßen. Viele von ihnen mit andächtig hingebungsvoller Bewunderung, andere, in der historischen Rückschau, vielleicht mit Scham. Viele Menschen, die heute bei einem Besuch des Bürgersaals inmitten der Fußgängerzone an der Büste Rupert Mayers vorbeigehen, halten inne, streichen mit den Fingerspitzen über die linke Brusthälfte des Paters, berühren sein Herz, meist liebevoll und voller Bewunderung und Ehrfurcht. Denn der am 1. November 1945 während einer Messe an einem Schlaganfall verstorbene Pater, der nach seiner Beisetzung auf dem Ordensfriedhof der Jesuiten in Pullach 1948 in den Bürgersaal überführt wurde, lebte in seiner couragierten Auflehnung gegen den Nationalsozialismus den Menschen vor, was sie vielleicht auch hätten tun können.

Der 1876 geborene Rupert Mayer wurde 1921 Präses und Prediger der katholischen »Marianischen Männerkongregation Mariä Verkündung« und 1926 Präfekt und Kirchenvorstand am Bürgersaal. Schon frühzeitig geriet er durch seine regimekritischen Predigten und Aktionen mit den Nationalsozialisten in Konflikt. 1937 erteilte ihm die Gestapo ein Redeverbot, gültig für das gesamte Reichsgebiet. Aber der Pater ließ sich nicht beirren, predigte weiter. Gestapo-Haft im Wittelsbacher Palais, im Gefängnis Stadelheim. Man ließ ihn frei, Mayer predigte weiter. Wegen »heimtückischer Angriffe auf Partei und Staat und Kanzelmissbrauchs« wurde er 1938 ins Gefängnis nach Landsberg am Lech gebracht, 1939 dann ins KZ Sachsenhausen. Seiner großen Popularität, aber auch seines durch eine schwere Kriegsverletzung im Ersten Weltkrieg bedrohlichen Gesundheitszustandes wegen und weil das Regime keinen Märtyrer Mayer wollte, wurde der Pater 1940 nach Kloster Ettal verbannt, unter Hausarrest und ein striktes Betätigungsverbot gestellt. Sofort nach der Befreiung Münchens durch die Amerikaner kehrte Rupert Mayer nach München zurück.

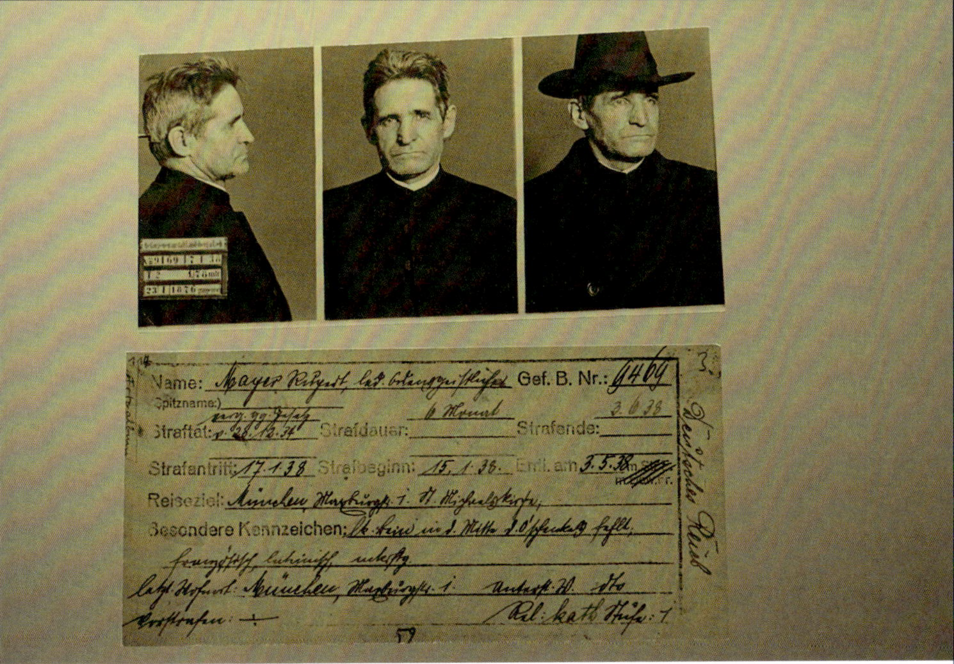

Strafgefangener Rupert Mayer im Gefängnis Landsberg am Lech

Adresse Neuhauser Straße 14, 80333 München (Altstadt) | Anfahrt U 3/6, Haltestelle Marienplatz; U 4/5, Haltestelle Odeonsplatz | Und heute Das kircheneigene Museum zeigt zahlreiche Exponate zur Geschichte Rupert Mayers. Vor dem Altar der Unterkirche unter einer Grabplatte aus Rotmarmor ist Rupert Mayer beigesetzt, im seitlichen Kirchenschiff steht die bronzene Büste. Eine Gedenktafel für den Pater findet man auch im Justizpalast.

19 Der Circus Krone

Hitlers Auftritte und der »ehrenwerte« Herr Direktor

Da, wo normalerweise Clowns zu Lachern animieren oder sich Stars in der Manege bejubeln lassen, wo schon die Beatles gefeiert wurden oder der »Watzmann rief«, triumphierten in den 20er Jahren des letzten Jahrhunderts die Nazis. Als der 1905 von Carl Krone gegründete Zirkus am 10. Mai 1919 erstmals seinen festen Bau mit 4.000 Sitz- und 2.000 Stehplätzen am Marsfeld bezog und damit der größte seiner Art in Europa wurde, entdeckten ihn auch schnell Hitler und die Nationalsozialisten. Am 3. Februar 1921 gab es im Circus Krone die erste große Massenveranstaltung der Partei mit über 5.000 Teilnehmern, weitere folgten. Zirkusdirektor Carl Krone, früh Mitglied der NSDAP, war ein glühender Verehrer Hitlers und stellte ihm die Manege immer wieder zur Verfügung.

Der Circus Krone, der bis zur Eröffnung der Olympiahalle 1971 der größte Versammlungsbau Münchens blieb, erlebte vom Frühjahr 1922 an regelmäßig Massenveranstaltungen der NSDAP – gegen Eintrittsgelder, die in die Schatullen der Partei flossen. Die agitatorischen Auftritte Hitlers im Circus Krone, die für Juden ausdrücklich verboten waren, wurden zu Publikumsmagneten. Störungen linker Gruppierungen wurden von der SA unbarmherzig niedergeknüppelt. Im Circus Krone trieb Hitler seine völkisch-nationale Agitation gegen das Judentum, den Marxismus und das Großkapital auf die Spitze. Der erste Reichsparteitag der NSDAP vom 27. bis 29. Januar 1923 fand ebenfalls im Circus Krone statt. Sein Motto: »Deutschland erwache«. Am 20. April 1923 wurde im Zirkus Hitlers 34. Geburtstag mit viel Pomp, Aufmärschen und Marschmusik begangen. Hitlers Triumphzüge durch die Münchner Kneipen und Bierkeller – zwischen März 1920 und Januar 1921 kamen in knapp 50 Massenveranstaltungen rund 60.000 Besucher – kulminierten nun im Circus Krone. Hitler und sein nationaler Radikalismus wurden zur Attraktion, zunehmend auch für bürgerliche Kreise der Münchner Gesellschaft.

NSDAP-Veranstaltung im Circus Krone um 1929

Adresse Marsstraße 43, 80335 München (Maxvorstadt) | **Anfahrt** S 1–8, Tram 16/17, Haltestelle Hackerbrücke | **Und heute** Der Circus Krone beherbergt immer noch den gleichnamigen Zirkus und ist Veranstaltungsort zahlreicher Events. Einen Hinweis auf seine Vergangenheit gibt es nicht.

20 Das Depot

Hunderte »Stolpersteine« wollen verlegt werden

Wenn man auf dem Gehweg einem dieser messingfarben leuchtenden Stolpersteine begegnet, bremst man ab, verharrt, liest die Inschrift und schaut dann die Gebäudefassade hoch. Momente lang erscheint einem im Kopf das Schicksal derer, die hier einst wohnten. Hier haben jüdische Mitbürger gelebt, bis sie willkürlich von der Gestapo oder der SS aus ihren Wohnungen verschleppt und in Konzentrationslagern ermordet wurden. Plötzlich gibt dieser kleine Stein dem Menschen, vielleicht war es der einstige Nachbar, eine Identität, holt ihn für einen Augenblick aus der Anonymität. Die Steine, über die man beim Flanieren oder Eilen »stolpert«, rütteln auf.

Die ehemalige »Hauptstadt der Bewegung« tut sich schwer mit dieser Art des Gedenkens. Um die »Stolpersteine« des Kölner Künstlers Gunter Demnig gibt es in München seit 2004 eine hochemotionale Diskussion. Widerstand gegen das »Gedenken im Straßenbelag« kommt vom Münchner Stadtrat und der Israelitischen Kultusgemeinde gleichermaßen. Man dürfe nicht auf Mahnmalen herumtrampeln, heißt es. Das freilich sieht man in Berlin, Hamburg oder Köln anders. Mehr als 65.000 dieser zehn mal zehn Zentimeter großen, mit einer polierten Messingplatte versehenen Betonquader mit den eingeschlagenen persönlichen Daten von Menschen, die Opfer des NS-Regimes wurden, hat Demnig seit 1992 in ganz Europa verlegt. Eingelassen vor den Wohnhäusern, in denen die von den Nazis verfolgten Menschen lebten, aus denen sie deportiert wurden.

In München ist es nur erlaubt, Stolpersteine auf privatem Grund zu verlegen. Einige Dutzend davon gibt es, immer in den Boden eingelassen, direkt bis an die Grenze zum öffentlichen Raum. Aber rund 300 Steine sind schon produziert, lagern in einem Depot der »Initiative Stolpersteine München« in der Barer Straße und warten auf ihre Verlegung. Die Auftraggeber sind Angehörige von Opfern, Privatleute und Organisationen.

Adresse Barer Straße 34, 80333 München (Maxvorstadt) | Anfahrt U 2/8, Haltestelle Königsplatz; Tram 27/28, Haltestelle Karolinenplatz; Bus 100/150, Haltestelle Pinakotheken | Und heute Die Stadt setzt den Stolpersteinen ein eigenes Konzept entgegen: Wandtafeln an Häusern in Augenhöhe, Stelen und ein zentrales Denkmal zur Erinnerung an die Ermordeten (siehe Kapitel 27 »Die Erinnerungszeichen«).

21 Die »Dt. Arbeitsfront«

25 Millionen Menschen hatten zu parieren

Der Terror gegen die organisierte Arbeiterschaft brach sich am 2. Mai 1933 Bahn mit der Zerschlagung der Gewerkschaften, der Beschlagnahme gewerkschaftlichen Vermögens und der Verhaftung und Deportation zahlreicher Funktionäre. An die Stelle freier Gewerkschaften trat unmittelbar nach deren Eliminierung die »Deutsche Arbeitsfront« (DAF), die schon am 10. Mai 1933 gegründet wurde.

Damit wurde die Direktive umgesetzt, jede andere Arbeitnehmervertretung auszuschalten, die Berufsverbände der Arbeiter und Angestellten zusammenzuführen und das Streikrecht abzuschaffen. Auch der rasanten Aufrüstung stand jetzt keine organisierte Kraft mehr im Weg. Das Gewerkschaftsvermögen wurde auf die DAF übertragen. Grundlage der Enteignung war das »Gesetz zur Ordnung der nationalen Arbeit« vom 20. Januar 1934. Mit der Eingliederung der streng nach dem »Führer-Prinzip« organisierten DAF in den Verbund der NSDAP unterstand die mit letztendlich 25 Millionen Mitgliedern größte Massenorganisation im NS-Staat dem Reichsleiter der NSDAP, Robert Ley. Die DAF, die auch die Sozialversicherungen besaß und unter anderem für die Gründung der Volkswagen AG verantwortlich war, schaffte es, große Teile der Arbeiterschaft hinter sich zu bringen, besonders durch das sogenannte Heimstättensiedlungswerk zur Wohnungs- und Hausbeschaffung und die DAF-Unterorganisation »Kraft durch Freude« (KdF), die günstige und umfangreiche Freizeit- und Urlaubsprogramme auflegte und zum mit Abstand größten Reiseveranstalter Deutschlands wurde.

Der Sitz der »Deutschen Arbeitsfront« für den Gau München und Oberbayern war die noble Adresse Karolinenplatz 6 beziehungsweise Brienner Straße 28. NSDAP und DAF zwangsakquirierten 1935 zu einem Spottpreis das repräsentative Geschäfts- und Wohnhaus des renommierten jüdischen Antiquars Jacques Rosenthal. In das prachtvolle Rosenthal'sche Palais zog die KdF-Organisation für München und Oberbayern.

Die »Deutsche Arbeitsfront«

Adresse Karolinenplatz 6, 80333 München (Maxvorstadt) | **Anfahrt** U 2/8, Haltestelle Königsplatz; Tram 27/28, Haltestelle Karolinenplatz | **Und heute** Am Karolinenplatz 6 residiert die Börse München, die Brienner Straße 28 ist ein Wohnhaus.

22 Das Deutsche Museum

Perfide Hetze gegen alles Jüdische

Bereits 1925 wurde der neue Bau des 1903 von Oskar von Miller gegründeten Deutschen Museums auf der Museumsinsel bezogen. Wesentliche Bauabschnitte wurden aber erst nach der Machtübernahme der Nazis vollendet, so 1936 der Kongresssaal und das Bibliotheksgebäude, das zur Stätte zweier zynisch-propagandistischer Ausstellungen zur Verunglimpfung des Kommunismus und des Judentums wurde. Das Museum sollte ihnen so etwas wie eine wissenschaftliche Legitimation verleihen. Mit erschreckendem Erfolg: Beide Präsentationen wurden von den Münchnern begeistert aufgenommen.

Es waren die »Große antibolschewistische Schau« ab November 1936, ein Machwerk gegen den »jüdischen Bolschewismus« als »Todfeind des Deutschtums«, und ein Jahr später auf Initiative der Münchner Gauleitung die Ausstellung »Der ewige Jude«. Die von Joseph Goebbels und Julius Streicher eröffnete Veranstaltung war eine perfide Hetze gegen die »jüdische Rasse« und diente als propagandistische Einstimmung auf die folgenden Pogrome. Die Ausstellung, die mit breiten Bannern am Hauptbahnhof und riesigen Plakatwänden am Isarufer beworben wurde, zählte bis Januar 1938 über 410.000 Besucher und ging schließlich als Wanderausstellung durch weitere deutsche Städte.

Möglich wurden diese absurden Präsentationen, als Oskar von Miller, der dem Nationalsozialismus kritisch gegenüberstand, 1933 vom antisemitischen und deutschnationalen Verleger Hugo Bruckmann, einem frühen Gönner und Förderer Hitlers, abgelöst wurde. In Bruckmanns Verlag war auch das rassistische Pamphlet »Grundlagen des neunzehnten Jahrhunderts« des englischen Antisemiten Houston Stewart Chamberlain erschienen. Wie nahe Bruckmann, Mitglied der NSDAP und des »Kampfbundes für deutsche Kultur«, Hitler stand, wurde deutlich, als der »Führer« ihm nach seinem Tod 1941 im Innenhof des Museums ein aufwendiges Staatsbegräbnis ausrichten ließ.

Eingang zum Bibliotheksbau des Deutschen Museums, November 1937.

Adresse Museumsinsel 1, 80538 München (Au) | Anfahrt S 1/2/3/4/6/7/8, Haltestelle Isartor; U 1/2, Haltestelle Fraunhoferstraße; Tram 16, Haltestelle Deutsches Museum; Tram 18, Haltestelle Isartor | Und heute Das Deutsche Museum gehört zu den bedeutendsten Museen seiner Art in der Welt. Auf die NS-Vergangenheit gibt es keinen Hinweis.

23 Die »Drückebergergasse«

So konnte man den Hitlergruß umgehen

An der Ostseite der Feldherrnhalle, hin zur Residenzstraße, wurde 1933 von den Nazis in Anwesenheit Hitlers ein Mahnmal mit Gedenktafel errichtet, das an die 16 »Gefallenen« des gescheiterten Putsches vom 9. November 1923 erinnern sollte – flankiert von Kränzen und Fackeln und einer bewaffneten »ewigen« SS-Mahnwache.

Faschistische Marschkolonnen waren nach dem Putschabend im Bürgerbräukeller am Gasteig durch die Münchner Innenstadt gezogen und vor der Feldherrnhalle von der Landespolizei gestellt worden. Der Putschversuch wurde niedergeschlagen – 16 tote Putschisten, vier tote Polizisten. In der Folge wurde die Feldherrnhalle für die Nationalsozialisten zur Kult- und Weihestätte mit Aufmärschen, Kundgebungen und Vereidigungen. Und alljährlich zum Staatsfeiertag am 9. November in Anwesenheit Hitlers zum Schauplatz eines pseudoreligiösen Totenkults der »nationalen Erhebung«.

Das hatte Konsequenzen für die Münchner. Denn wer an dem Putsch-Denkmal und der rund um die Uhr postierten SS-Ehrenwache vorbeiwollte, war verpflichtet, die rechte Hand zum »Hitlergruß« zu erheben und damit deutschen Putschisten die Ehrerbietung zu zollen. Ob zu Fuß oder auf dem Fahrrad, ohne Ausnahme. Vielen Münchnern war das zuwider, sie »drückten« sich, indem sie die Residenzstraße an dieser Stelle mieden, lieber den kleinen Umweg durch die winzige Viscardigasse hin zur Theatinerstraße nahmen und somit westlich an der Feldherrnhalle vorbeigingen. Im Volksmund wurde die nach dem italienisch-schweizerischen Barockbaumeister Giovanni Viscardi benannte, etwa 50 Meter lange Gasse schnell zur »Drückebergergasse«.

Einige Münchner demontierten nach dem Krieg das verhasste Mahnmal. Die Amerikaner ließen es schließlich gänzlich entfernen.

»Hitlergruß« am »Mahnmal für die 16 Gefallenen des 9. November 1923«

Adresse Viscardigasse (hinter der Feldherrnhalle), 80333 München (Innenstadt) | Anfahrt U 3/6, Haltestelle Odeonsplatz oder Marienplatz | Und heute Eine vom Künstler Bruno Wank 1995 in das Straßenpflaster eingelassene, 18 Meter lange Bronzespur erinnert an diese Form des zivilen Ungehorsams vieler Münchner.

24 Der Eher-Verlag

Vom NS-Zentralverlag zum Pressetrust

Dass der wichtigste Verlag der Nazi-Diktatur den Namen »Franz Eher« trug, war Zufall. In diesem kleinen, unbedeutenden, 1900 gegründeten Verlag erschien der konservative »Münchener Beobachter«, den die rechtsextreme Thule-Gesellschaft 1918 nach Ehers Tod kaufte, weil sie ein Publikationsorgan für ihre völkischen Inhalte brauchte. Am 17. Dezember 1920 erwarb die NSDAP die Zeitung und das dreistöckige Verlagsgebäude in der Thierschstraße für 115.000 Mark, finanziert durch Gönner der Münchner Gesellschaft.

Der »Münchener Beobachter« wurde zum »Völkischen Beobachter«, die Ausrichtung des Blattes: deutschnational, antidemokratisch und judenfeindlich. Die NSDAP war alleinige Gesellschafterin, Herausgeber als deren Vorsitzender Adolf Hitler. Geleitet wurde das Kampfblatt der NSDAP von 1922 bis 1945 von Max Amann, einem Weggefährten und engen Vertrauten Hitlers, der ab 1925 als Direktor der gesamten Franz Eher Nachfolger GmbH fungierte. Der Verlag expandierte und übernahm den Gebäudekomplex Thierschstraße 11–17 vollständig. Alles, was in der NSDAP Rang und Namen hatte, veröffentlichte nun im Eher-Verlag. Vor allem Hitlers in der Landsberger Festungshaft geschriebenes Pamphlet »Mein Kampf« führte ab 1930 zu erheblichen Umsatzsprüngen und Gewinnen. Der Verlag finanzierte so auch die frühen Wahlkämpfe der NSDAP.

Ab 1933 wurden Macht und Terror der Nazis grenzenlos. Max Amann war nun auch Präsident der Reichspressekammer, das Reichskulturkammergesetz sein Werkzeug. Die Presse der Kommunisten und Sozialdemokraten wurde systematisch vernichtet, die bürgerlichen Organe durch den Terror der SA zur Aufgabe genötigt, selbst der scheinbar allmächtige Hugenberg-Konzern mit seinen lukrativen Generalanzeigern wurde in die Knie gezwungen. 1943 gehörten zum NS-Zentralverlag in der Thierschstraße 150 Tochtergesellschaften mit 35.000 Beschäftigten. Der Eher-Verlag beherrschte 80 Prozent der deutschen Presse.

Haus des Verlages Franz Eher Nachf. in der Thierschstraße

Adresse Thierschstraße 11–17, 80538 München (Lehel) | **Anfahrt** S 1/2/3/4/6/7/8, Tram 16/18, Bus 132, Haltestelle Isartor; Tram 18, Haltestelle Mariannenplatz | **Und heute** Das Gebäude Thierschstraße 11, wo sich Verlag und Buchhandlung befanden, steht noch und beherbergt eine Musikalienhandlung.

25 Die »Ehrentempel«

Gespenstischer Totenkult am Königsplatz

Es war der 9. November 1935, der Jahrestag des Marsches auf die Feldherrnhalle, das Datum des gescheiterten Hitlerputsches von 1923, an dem 16 Hitler-Getreue von der Bayerischen Landespolizei erschossen wurden. Der Tag, der von den Nationalsozialisten längst zum »Erweckungserlebnis der Bewegung« umfunktioniert worden war. Im August des Jahres war München von Hitler offiziell zur »Hauptstadt der Bewegung« ausgerufen worden, eine Etikettierung, die die Stadt niemals wieder ganz loswerden sollte.

Die 16 exhumierten Toten wurden bereits am Vorabend in einer gespenstischen Zeremonie in Anwesenheit der gesamten Parteiführung in der offenen Feldherrnhalle aufgebahrt, symbolisch bewacht von SS-Männern. Am 9. November wurden die Särge in einem pompösen Umzug unter großer Anteilnahme der Bevölkerung zum Königsplatz getragen. Zu den beiden »Ehrentempeln«, die Hitlers Architekt Paul Ludwig Troost auf beiden Seiten der Brienner Straße zum Eingang des Königsplatzes eigens als »Heiligtum« errichtet hatte. Es waren zwei auf quadratischen Sockeln aus Kalkstein stehende, 21 Meter lange und zehn Meter hohe, nach oben weitgehend offene Pfeilerhallen, die über eine Treppe zu begehen waren.

In gewaltigen eisernen Sarkophagen, jeweils acht in einem Tempel, wurden die »Märtyrer« von 1923 beigesetzt, SS-Posten traten zur »ewigen Wache« an und zum »letzten Appell«, den es fortan in jedem Jahr zum 9. November geben sollte. Während die Namen der sogenannten »Blutzeugen« verlesen wurden, riefen die Marschkolonnen und Menschen mit erhobener Rechter zum Hitlergruß einer Antwort gleich »Hier« und bekundeten so ihren Willen, ebenfalls bis zum eigenen Tod für die nationalsozialistische Bewegung und den »Führer« zu kämpfen. Die »Ehrentempel« wurden zur Wallfahrtsstätte des NS-Totenkults auf dem Königsplatz. 1947 wurden sie von den Amerikanern gesprengt.

Nördlicher »Ehrentempel« mit acht Sarkophagen der Toten des 9. November 1923

Adresse Arcisstraße, Ecke Brienner Straße, 80333 München (Maxvorstadt) | **Anfahrt** U 2, Haltestelle Königsplatz; Tram 27, Haltestelle Karolinenplatz | **Und heute** Die gestuften Sockel der Mitte der 1950er Jahre bepflanzten »Ehrentempel« sind gut sichtbar. Im unmittelbar angrenzenden NS-Dokumentationszentrum sind Funktion und Sprengung der Bauwerke filmisch nachzuvollziehen.

26 Die Elser-Wohnung

In der Türkenstraße baute Georg Elser die Bombe

Der aus dem schwäbischen Königsbronn bei Heidenheim stammende, 1903 geborene Tischler galt bei seinen Freunden als eher unpolitisch, wenngleich er 1928 dem kommunistischen Rotfrontkämpferbund beigetreten war. Der junge Mann hatte ein tiefes Gefühl für Unrecht und spürte früh, dass der Nationalsozialismus Krieg und Terror bedeuten würde. Nach dem »Münchner Abkommen« reiste Elser im Herbst 1938 nach München. Was er rund um den 8. November an NS-Veranstaltungen in der Innenstadt und im Bürgerbräukeller erlebte, bestärkte ihn endgültig in seiner Einschätzung, dass Hitler Deutschland in einen Krieg treiben wollte. Er begann, die örtlichen Gegebenheiten für seinen Plan zu recherchieren. Von nun an lebte Elser nur in dem Gedanken, Hitler und seine Begleitung genau ein Jahr später, am 8. November 1939, im Bürgerbräukeller in die Luft zu sprengen.

Im August 1939 siedelte Elser nach München um. Erst in die Blumenstraße, dann vom 1. September bis zum 31. Oktober in die Türkenstraße 94, Untermiete, ein Zimmer. Er gab sich seiner Wirtin gegenüber als Erfinder aus. Hier und in einer nahen Werkstatt in der Türkenstraße 59 setzte er die Bombe zusammen. Ab jetzt war er nahezu jeden Abend Gast im Bürgerbräukeller. Von September bis November 1939 ließ er sich über 30-mal im großen Saal des Bürgerbräukellers einschließen, wartete, bis der letzte Gast und das Personal gegangen und alle Lichter gelöscht waren. Jeweils gegen zwei Uhr nachts verließ er sein Versteck in einer Besenkammer und präparierte mühselig, auf Knien rutschend, und in ständiger Angst, entdeckt zu werden, die Säule auf der Galerie, vor der Hitler traditionell seine Rede hielt. Erst in den Morgenstunden kam er zurück in die Türkenstraße 94. Anfang November hatte Elser die Bombe in die Säule eingebaut. Er stellte das Uhrwerk auf 21.20 Uhr, mitten in die Hitlerrede, die bisher immer bis 22 Uhr gedauert hatte. In der Nacht vor der Kundgebung ließ sich Elser noch einmal im Bürgerbräukeller einschließen, um Sprengstoff und Uhrwerk ein letztes Mal zu überprüfen … (siehe Ort 17).

Georg Elser (zweiter von rechts) im Kreis von Freunden

Adresse Türkenstraße 94, 80799 München (Maxvorstadt) | Anfahrt U 3/6, Haltestelle Giselastraße; Bus 137, Haltestelle Ecke Schelling- und Türkenstraße | Und heute Die Türkenstraße 94 ist heute noch ein Wohnhaus mit Läden zur Straße hin. An der Türkenschule gibt es seit 1997 den »Georg-Elser-Platz«, seit 2009 eine Gedenkstätte. Die Fassadeninstallation aus Neonglas und Aluminium der Frankfurter Künstlerin Silke Wagner ist nun das offizielle Georg-Elser-Denkmal der Stadt München. Die an der Westfassade der Türkenschule angebrachte Installation leuchtet täglich jeweils für eine Minute von 21.20 bis 21.21 Uhr. Um 21.20 Uhr war die Bombe im Bürgerbräukeller explodiert.

27 Die Erinnerungszeichen

München gedenkt auf Wandtafeln und Stelen

Die Diskussion um die goldfarbenen »Stolpersteine« des Kölner Künstlers Gunter Demnig, die vieltausendfach in zahlreichen deutschen Städten zum Gedenken an die Verschleppung und Ermordung jüdischer Bürger vor ihren jeweiligen Häusern als Bodenplatten verlegt wurden, hatte München jahrelang hochemotional in Atem gehalten. Die Stadtspitze und die Israelitische Kultusgemeinde München und Oberbayern hatten diese Form des Gedenkens vehement abgelehnt (siehe Kapitel 20 »Das Depot«). Das wichtigste Argument: Es sei unerträglich sich vorzustellen, dass auf den Namen der Opfer herumgetrampelt werde, wenn die Gedenkplatten in die Bürgersteige und Straßenbeläge eingelassen seien.

Stattdessen beschloss der Münchner Stadtrat im November 2017 die Umsetzung einer anderen Form des Gedenkens an die Opfer des NS-Regimes. Nämlich das Installieren von Wandtafeln und Erinnerungsstelen zum »würdigen und nachhaltigen Gedenken auf Augenhöhe«. Im Juli 2018 wurden die ersten »Erinnerungszeichen«, wie sie in München nun genannt werden, der Öffentlichkeit übergeben: eine Wandtafel für Franz und Tilly Landauer (Königinstraße 85) und eine Erinnerungsstele für Dr. Frieder Crusius (Mandlstraße 21). Inzwischen gibt es im Stadtgebiet einige Dutzend dieser Installationen des Münchner Designers Kilian Stauss. Auf kleinen Metalltafeln werden gerasterte Porträtfotos der Ermordeten gezeigt, daneben persönliche Angaben und die Daten der Deportation und Ermordung.

Ein Internetprojekt (www.muenchen.de/Erinnerungszeichen) stellt in Ergänzung dazu detaillierte Informationen über den Lebensweg jeder Person bereit. Die Erinnerungszeichen sind in erster Linie den Opfern der Judenverfolgung gewidmet, aber sie lenken den Blick auch auf andere Menschen, die im NS-Terror ermordet wurden, darunter Angehörige des Widerstands, Zeugen Jehovas oder Euthanasie-Opfer.

Adresse Mandlstraße 21, Königinstraße 85, 80797 München (Schwabing) | Anfahrt U 3/6, Haltestelle Münchner Freiheit | Und heute Die Hausbesitzer müssen bei den zwölf Zentimeter hohen und breiten Wandtafeln aus vergoldetem Edelstahlblech die Genehmigung erteilen. Die 1,80 Meter hohen Edelstahl-Stelen mit vergoldeten Hülsen können frei auf den Bürgersteigen errichtet werden.

28 Die Feldherrnhalle

Der »Blut- und Märtyrerkult« der Nazis

Für die Nationalsozialisten wurde der Ort zur kulthaften Symbolstätte ihrer Blut-und-Boden-Ideologie. Die Feldherrnhalle, ein zwischen 1841 und 1844 im Auftrag des bayerischen Königs Ludwig I. von Friedrich von Gärtner geschaffener, sich an der offenen Architektur der florentinischen Loggia dei Lanzi orientierender Hallenbau zwischen Residenz und Theatinerkirche, war der bayerischen Armee und den Feldherren Tilly und Wrede gewidmet. Ein wie für die Nazis geschaffener Ort, voller Symbolik und Theatralik.

Am 9. November 1933 enthüllte Hitler an der Ostseite zur Residenzstraße hin das »Mahnmal für die 16 Gefallenen« des niedergeschlagenen Putsches von 1923. Eine sogenannte Ehrenwache, ein Doppelposten der SS, hielt jetzt die »ewige Wache«, eine Tafel erinnerte an die zu Tode gekommenen Putschteilnehmer, die sogenannten »Blutzeugen«. Alle Passanten, die an dem Mahnmal vorbeikamen, waren verpflichtet, den Hitlergruß zu entrichten. Viele Münchner, die diesem Ritual entgehen wollten, wichen über die kleine Viscardigasse in die Theatinerstraße aus, weshalb das Sträßlein auch »Drückebergergasse« genannt wurde (siehe Ort 23).

Alljährlich inszenierten die Nationalsozialisten am 9. November ihre aufwendigen Gedenkmärsche zur Feldherrnhalle, die von Hitler und der Nazi-Prominenz angeführt wurden. In Gedenken an den »Marsch auf die Feldherrnhalle« von 1923, als unter Führung Hitlers und General Erich Ludendorffs rund 2.000 Putschisten vom Bürgerbräukeller durch die Innenstadt zur Ludwigstraße zogen, um im von der SA besetzten Wehrkreiskommando die politische und militärische Macht über Bayern auszurufen, worauf schließlich der »Marsch auf Berlin« und die Absetzung der Reichsregierung folgen sollten. Doch vor der Feldherrnhalle versperrte Bayerische Landespolizei den Weg der Putschisten. Es kam zu einer Schießerei mit zahlreichen Toten. Der Putsch war gescheitert, die NSDAP wurde verboten, aber schon 1925 wieder zugelassen.

Rekrutenvereidigung 1935

Adresse Residenzstraße 1, 80333 München (Altstadt) | Anfahrt U 3/4/5/6, Haltestelle Odeonsplatz; Bus 100 (Museumslinie), Haltestelle Odeonsplatz | Und heute Die US-Armee ließ das NS-Denkmal am 3. Mai 1945 entfernen. Eine Gedenktafel an der Außenwand der Residenz erinnert an die vier erschossenen Polizisten.

29 Der Flughafen Riem

Ein Großflughafen für die »Hauptstadt der Bewegung«

Architekt Ernst Sagebiel, seit 1933 Mitglied der NSDAP und der SA, Günstling Hermann Görings und von Hitler persönlich zum Professor der Technischen Hochschule Berlin ernannt, avancierte Mitte der 1930er Jahre zu einem der maßgeblichen Architekten des Nationalsozialismus, Schwerpunkt Kasernen und Flughäfen. Nach dem Bau des Berliner Reichsluftfahrtministeriums und der Planung des Flughafens Tempelhof erhielt er 1937 den Auftrag zum Bau eines neuen Flughafens in München. Der alte Flughafen am Oberwiesenfeld war vor allem durch die massive Zunahme an Militärflugzeugen schnell zu klein geworden. Bereits zwei Jahre später wurde der am östlichen Stadtrand verkehrsgünstig gelegene Flughafen eröffnet, ähnlich konzipiert wie Berlin-Tempelhof. München-Riem gehörte zwischenzeitlich zu den modernsten Flughäfen der Welt.

Die zahlreichen Flughafengebäude standen entlang des ovalen Rollfeldes, etwa da, wo heute der weitläufige Messesee liegt. Im Zentrum des Haupttraktes ragte die 13 Meter hohe Ankunfts- und Abfertigungshalle hervor. Am über 2.000 Meter langen Rollfeld reihten sich auf einer Länge von 800 Metern Tribünen für Flugschauen, ausgelegt für rund 100.000 Menschen.

1945 wurde der Flughafen durch alliierte Bomben nahezu vollständig zerstört. Drei Jahre später wurde er als erster deutscher Flughafen nach dem Krieg wieder dem zivilen Luftverkehr übergeben. Mit dem Bau des neuen Münchner Flughafens im Erdinger Moos wurde im Mai 1992 in Riem der Flugverkehr eingestellt. Die meisten Gebäude des alten Flughafens wurden abgerissen, aber zwei entscheidende Bauten sind auch heute noch zu sehen und stehen entsprechend unter Denkmalschutz. Der rote Backsteintower und linker Hand davon die alte, 13 Meter hohe Ankunftshalle mit dem restaurierten Wappensaal, den 18 Reliefs bayerischer Städtewappen und die mächtige Kassettendecke zieren.

Adresse Messegelände, 81823 München (Riem) | Anfahrt U 2, Haltestelle Messestadt Ost und West | Und heute 1998 wurde die Münchner Messe von der Theresienhöhe nach Riem auf das alte Flughafengelände verlegt, mit Dutzenden Wohn- und Büroeinheiten, den Riem-Arkaden und der Bundesgartenschau. 2005 hat sich aus dem alten Airport-Areal die »Messestadt Riem« entwickelt.

30 Die Flugzeugschmieden

Mit der »Legion Condor« begann der Luftkrieg

Als deutsche Flugzeuge 1936 im Rahmen der »Legion Condor« mit ihren Bombern vom Typ Ju-87 am Himmel über dem spanischen Städtchen Guernica auftauchten und es dem Erdboden gleichmachten, war das eine zynische Generalprobe für das, was drei Jahre später beginnen und Teile Europas in Schutt und Asche legen sollte. Nazideutschland hatte sich im spanischen Bürgerkrieg endgültig auf die Seite des Falangisten Franco geschlagen. Deutsche Panzerkampfwagen des Unternehmens Wegmann & Co., das nach dem Krieg mit Krauss-Maffei fusionierte, wurden auf der Iberischen Halbinsel am Boden eingesetzt, deutsche Flugzeuge des Typs Ju-52 und Ju-87 in der Luft. Sie waren entscheidend für den Sieg der Faschisten. Diese Kampfflugzeuge wurden wesentlich in den Münchner Dependancen der Unternehmen »Junkers« und »Dornier« gebaut, die ihre Werke im Nordwesten der Stadt hatten und zu den expansivsten Rüstungsfabriken des NS-Regimes zählten.

Dornier, dessen Zentrale in Friedrichshafen am Bodensee lag, produzierte in Neuaubing und Oberpfaffenhofen, wo es seit 1936 auch über einen eigenen Flughafen verfügte, Rumpf- und Flügelteile für die Kampfbomber des kommenden Krieges. Sie brachten schließlich den Luftterror über Warschau, London und Rotterdam. Die 1937 in der Neuaubinger Brunhamstraße neu errichteten Werkshallen beschäftigten schon ein Jahr später 3.000 Arbeiter. In den Fabrikationshallen der Münchner Junkers-Werke in Allach – das Stammwerk lag in Dessau – wurden Flugmotoren und Hochleistungstriebwerke für die Ju-87, den Sturzkampfbomber »Stuka«, produziert, die tödliche Waffe in den »Blitzkriegen« gegen Polen und Frankreich.

Beide Flugzeugfabriken unterhielten neben den Wohnsiedlungen der angestammten Arbeiterschaft an das Werksgelände angrenzende firmeneigene Barackenlager für Tausende Zwangsarbeiter und Kriegsgefangene, die unter den erbärmlichsten Bedingungen schuften mussten.

Junkers-Kampfflugzeug im Kriegseinsatz

Adresse Dornier: Brunhamstraße 21, 81249 München (Neuaubing); Junkers: Schöllstraße 8, 80999 München (Allach) | **Anfahrt** Dornier: S 8, Haltestelle München-Neuaubing; Junkers: Bus 160/164, Haltestelle Franz-Nißl-Straße | **Und heute** Dornier ist heute Teil des Luft- und Raumfahrtkonzerns EADS. Das Werk Oberpfaffenhofen gehört zum Konzern, das Werksgelände in der Brunhamstraße wurde in einen Industriepark umgewandelt. In der ehemaligen Junkers-Maschinenfabrik in der Schöllstraße stößt man auf große Freiflächen und Überreste der einstigen Montagehallen. Das Gelände gehört der Stadt München.

31 Die Forschungsanstalt

Zwangssterilisationen und »NS-Euthanasie«

Zwei namhafte Institutionen Münchens waren tief verstrickt in die Verbrechen der Nationalsozialisten: die Deutsche Forschungsanstalt für Psychiatrie (DFA) in der Kraepelinstraße und die Universitätsfrauenklinik in der Maistraße, eine »Schwerpunktklinik für Zwangssterilisationen und Zwangsabtreibungen«. Auf der Basis des »Gesetzes zur Verhütung erbkranken Nachwuchses« vom 14. Juli 1933 setzten beide Einrichtungen die verbrecherische Rassenpolitik der Nazis um, gaben ihr den »wissenschaftlichen« Unterbau. Menschen mit angeblichen Erbkrankheiten wie Schwachsinn, Schizophrenie und Epilepsie, aber auch erblicher Blindheit, Taubheit, körperlicher Missbildung oder schwerem Alkoholismus und solche, die wegen einer abweichenden Lebensführung nicht ins NS-Weltbild passten, sollten zwangssterilisiert und dadurch an der Fortpflanzung gehindert werden.

Einer der Verfasser des »Erbgesundheitsgesetzes« war Ernst Rüdin, Psychiater und Humangenetiker sowie Leiter der Deutschen Forschungsanstalt für Psychiatrie (DFA). Kommentator des Gesetzes war der von 1934 bis 1945 amtierende Direktor der Universitätsfrauenklinik Heinrich Eymer, der nach dem Krieg vorgab, »legal und nach ethischen Werten« als »Diener der Volksgesundheit« gehandelt zu haben.

Das »Erbgesundheitsgesetz« war die Vorstufe zur systematischen Erfassung und Ermordung psychisch Erkrankter und geistig behinderter Menschen im Zuge der NS-Euthanasie. Ab 1939 wurden in der berüchtigten »T4-Aktion« rund 300.000 Menschen ermordet. Das Hirnpathologische Institut der DFA erhielt im Zuge der Euthanasie-Programme zwischen 1940 und 1944 aus den Tötungsfabriken Hunderte Gehirne von Opfern zu neuropathologischen Untersuchungen, die bis in die 1960er Jahre hinein als Forschungsobjekte dienten. 1990 wurden die Präparate unter Ausschluss der Öffentlichkeit auf dem Münchner Waldfriedhof beigesetzt.

Adresse DFA: Kraepelinstraße 2, 80804 München (Schwabing); Uni-Frauenklinik: Maistraße 11, 80337 München (Isarvorstadt) | **Anfahrt** DFA: U 1/2/3/8, Tram 12/28, Bus 140/141/142/144, Haltestelle Scheidplatz; Uni-Frauenklinik: U 3/6, Haltestelle Goetheplatz; Bus 62, Haltestelle Maistraße | **Und heute** 1954 ging die DFA im Max-Planck-Institut auf und firmiert seit 1966 als Max-Planck-Institut für Psychiatrie. Die Frauenklinik der Uni München ist nach wie vor eine Geburtsklinik. Im Innern des Gebäudes erinnert seit dem Jahr 2000 eine Gedenktafel an die 1.345 während der NS-Zeit zwangssterilisierten Frauen.

32 Das Freikorps-Denkmal

Hier feierten die Nazis den Sieg über die »Roten«

Das »rote Giesing« war den Nationalsozialisten immer ein Dorn im Auge. Wo, wenn nicht dort, konnte man der nunmehr gleichgeschalteten Bevölkerung demonstrieren, wer die Macht im Staate hatte. Und in der Stadt. Adolf Hitler persönlich hatte dem Bildhauer Ferdinand Liebermann, einem Spezialisten für Monumental- und Porträtplastik, der auch die »Führer«-Büste im Rathaus modelliert hatte, den Auftrag erteilt, am Giesinger Berg ein gewaltiges Monument zu errichten. Es sollte dem Sieg der »Weißen« über die »Roten« in den Wirren der bayerischen Räterepublik von 1919 huldigen. Im Zentrum dieser am 3. Mai 1942, dem Jahrestag des Sieges über die Räterepublik, durch Oberbürgermeister Karl Fiehler enthüllten Gedenkstätte zu »Ehren der Kämpfer in den Freikorps« stand die überdimensionale, zehn Meter hohe Granitstatue des siegreichen arisch-heroischen Mannes, nackt, einer Schlange mit bloßen Händen den Kopf zerquetschend.

Nach der Ermordung des ersten bayerischen Ministerpräsidenten Kurt Eisner, dem Begründer des Freistaates Bayern nach der Novemberrevolution 1918 und dem Ende der bayerischen Monarchie, kam es zur Ausrufung der vier Wochen währenden »Münchner Räterepublik«. Die nach Bamberg ausgewichene bayerische Regierung bediente sich zu ihrer Niederschlagung auch der paramilitärischen Freikorps. Bei der Rückeroberung Giesings kam es zwischen der revolutionären »Roten Armee« und den »weißen« Freikorps zu heftigen Gefechten, besonders rund um die Martin-Luther-Straße am Giesinger Berg. Die Giesinger Kommunisten leisteten heftige Gegenwehr und fügten den deutschnationalen Freikorps zwischenzeitlich heftige Niederlagen zu. Die »Schmach von Giesing« schürte den Hass der Deutschnationalen und nach 1933 der Nazis auf das »rote Gesindel«. Giesinger Kommunisten und Sozialisten wurden ins KZ Dachau deportiert. Das Freikorps-Denkmal sollte zum sichtbaren Triumph über die »Rote Hochburg Giesing« werden.

Einweihung des Freikorps-Denkmals am 3. Mai 1942

Adresse Ichostraße, 81541 München (Giesing) | **Anfahrt** U 2/7, Tram 15/25, Haltestelle Silberhornstraße | **Und heute** Die amerikanische Militärregierung ließ die zehn Meter hohe Statue 1945 abreißen. An der noch stehenden Mauer hängt heute eine abstrakte Skulptur.

33_Der Friedhof

Die Hingerichteten am Perlacher Forst

Unmittelbar angrenzend an die unüberwindbar scheinende weiße Mauer der Justizvollzugsanstalt Stadelheim mit ihren scheinwerferbestückten Wachtürmen ist das Grauen des Nationalsozialismus noch ganz nah. An die Gefängnismauer drängt sich der 1931 eröffnete Friedhof am Perlacher Forst, dessen Geschichte untrennbar mit der JVA verwoben ist.

Hier beerdigten die Eltern Scholl ihre kurz zuvor im benachbarten Gefängnis hingerichteten Kinder, gleich neben Christoph Probst, einem weiteren ermordeten Mitglied der Widerstandsgruppe »Weiße Rose«. Es war eine Beerdigung im engsten Familienkreis, da der Friedhof an diesem Tag von der Gestapo besetzt war, die nur darauf wartete, weitere Mitglieder der Widerstandsgruppe, die vielleicht zur Beerdigung kommen würden, zu verhaften.

Den Friedhof zeichnet eine furchtbare Blutspur. Hier wurden zwischen 1942 und 1945 etwa 1.200 Menschen bestattet, die allesamt im wenige Meter entfernten Gefängnis willkürlich verurteilt worden waren, hingerichtet durch das Fallbeil. Viele von ihnen wurden auf dem Friedhof in Massengräbern verscharrt, anonym, für Angehörige nach der Befreiung Münchens schwer zu finden.

Ein mit Linden bepflanzter Ehrenhain für die Opfer der Konzentrationslager, voran der des KZ Dachau, umfasst 44 Gräberfelder mit jeweils 99 Urnen, markiert durch in den Boden eingelassene Steinplatten. Da ist zu lesen: »Hier sind 4.092 Opfer nationalsozialistischer Willkür zur letzten Ruhe bestattet.« Ein anderer Ehrenhain mit in einen Gedenkstein eingravierten Namen wurde für weitere 94 Opfer des Naziterrors eingerichtet, die aus politischen Gründen zwischen 1942 und 1945 in Stadelheim nach Urteilen des »Volksgerichtshofes« ermordet worden waren. Ein Gräberfeld gibt es für die sogenannten »Displaced Persons«, Zwangsarbeiter und Verschleppte, mit über 1.000 Toten aus zwölf Nationen und eine Grabstätte für polnische Kriegsgefangene.

Adresse Stadelheimer Straße 24, 81549 München (Obergiesing) | **Anfahrt** U 1/2, Haltestelle Sankt-Quirin-Platz; Tram 17/39, Bus 139, Haltestelle Schwanseestraße | **Und heute** Der Friedhof am Perlacher Forst ist ein Ort der »Erinnerung, Mahnung und Versöhnung«. Teile des Friedhofs sind neben den Gräbern der Ermordeten auch Gedenkstätte.

34 Der »Führerbau«

Das »Münchner Abkommen« als Einfalltor zum Krieg

Klassizistisch mutet er an, der durch Hitlers Hofarchitekten Paul Ludwig Troost errichtete quadratische Klotz mit seiner in rotem Marmor gehaltenen Eingangshalle und dem gewaltigen Treppenhaus. 1937 fertiggestellt und anlässlich eines Staatsbesuchs des italienischen Diktators Benito Mussolini eingeweiht, fand hier am 29. September 1938 die sogenannte Münchner Konferenz statt.

Hitler hatte immer wieder mit Krieg gedroht, wenn die Sudetengebiete nicht von der Tschechoslowakei an das Deutsche Reich abgetreten würden. Bis tief in die Nacht berieten die Regierungschefs Englands (Neville Chamberlain), Frankreichs (Édouard Daladier) – beide Länder waren Schutzmächte der nach dem Ersten Weltkrieg in dieser Form entstandenen Tschechoslowakei – und Italiens (Mussolini) mit Hitler.

Das Ergebnis: Die Tschechoslowakei musste die Abtretung des Sudetenlandes an Nazideutschland akzeptieren und verlor damit ihre staatliche Souveränität. Nie hatte Hitler wirklich die Absicht, sich an das »Münchner Abkommen« zu halten. Im März 1939 wurde die restliche Tschechoslowakei überfallen, besetzt und zum »Reichsprotektorat Böhmen und Mähren« erklärt. Im »Führerbau« am Königsplatz, da sind sich die Historiker einig, wurden die Weichen für den Zweiten Weltkrieg gestellt.

Der »Führerbau« mit dem Arbeitszimmer Hitlers im ersten Obergeschoss zum Königsplatz hin, mit den Diensträumen des »Stellvertreters des Führers« und seines Stabes, mit Wandelhallen, Galerieräumen und viel Nazi-Symbolik, hatte vor allem repräsentativen Charakter. Vom Balkon über dem südlichen Haupteingang nahm Hitler die Paraden am Königsplatz ab. In den unterirdischen Luftschutzräumen wurden nach dem sogenannten Führervorbehalt vom 18. Juni 1938 geraubte und erpresste Kunstgegenstände angehäuft, die Hitler seinem im österreichischen Linz geplanten »Führermuseum« zuführen wollte und sich hier vorführen ließ.

Hitler und seine Entourage in einer Verhandlungspause

Adresse Arcisstraße 12, 80333 München (Maxvorstadt) | **Anfahrt** U 2, Haltestelle Königsplatz; Tram 27, Haltestelle Karolinenplatz | **Und heute** Im ehemaligen »Führerbau« befindet sich die Hochschule für Musik und Theater. Der damalige Konferenzraum ist heute Konzertsaal. In der Nacht zum 30. April 1945 plünderten die Münchner den Führerbau und stahlen Hunderte von Bildern, Raubkunst, die möglichweise noch heute in verschiedenen Münchner Häusern hängt.

35 Das Galeriegebäude

Die »Entartete Kunst« wurde zum Publikumsschlager

Der Terror gegen die moderne Kunst war bereits seit einem Jahr in vollem Gange. Berufs- und Malverbote, Verhaftungen, erzwungene Emigrationen. Tausende Kunstwerke verfemter und »artfremder« Künstler, die nicht in das völkische und zutiefst antisemitische Weltbild der NS-Führung passten, waren aus Museen oder privatem, meist jüdischem Besitz konfisziert und gestohlen worden und wurden nun auf Auktionen in der Schweiz devisenbringend versteigert. Oder gleich vernichtet.

650 beschlagnahmte Kunstwerke aus Sammlungen von über 30 deutschen Museen wurden in der Ausstellung »Entartete Kunst« im Galeriegebäude im Hofgarten zur Schau gestellt, die am 19. Juli 1937 eröffnet wurde. Als »entartet« galt den NS-Ideologen die Kunst der Moderne schlechthin, die international renommierten Künstler des 20. Jahrhunderts wie Otto Dix, Max Beckmann, Ernst Ludwig Kirchner, Paul Klee und Emil Nolde. Sie wurden als »geistige Nichtskönner« mit »krankhaften Phantasien« beschimpft, als »jüdisch-bolschewistische« Feinde des Staates und seiner Kunstideale.

Einen Tag zuvor, am 18. Juli 1937, hatte Adolf Hitler anlässlich der Einweihung des neoklassizistischen »Hauses der Deutschen Kunst« und der damit verbundenen »Großen Deutschen Kunstausstellung« die »wahre deutsche Kunst« vor Tausenden Münchnern, darunter viele mit dem System paktierende Künstler und Intellektuelle, gerühmt und über die »minderwertige« moderne Kunst gehöhnt: »Kubismus, Dadaismus, Futurismus, Impressionismus und so weiter haben mit unserem deutschen Volke nichts zu tun. … Wir werden von jetzt ab einen unerbittlichen Säuberungskrieg führen gegen die letzten Elemente unserer Kulturzersetzung.«

Allein in München sahen nach amtlichen Angaben über zwei Millionen Besucher die bis zum 30. November gezeigte Ausstellung »Entartete Kunst«, bevor sie als Wanderausstellung in zwölf weiteren deutschen Städten und in Österreich gezeigt wurde.

Besucher der Archiv-Galerie-Ausstellung 2017/18 im Haus der Kunst: »Sommer 1937 in München«

Adresse Galeriestraße 4 (Hofgartenarkaden), 80539 München (Maxvorstadt) | Anfahrt U 3/4/5/6, Haltestelle Odeonsplatz | Und heute In den Hofgartenarkaden gibt es zahlreiche Galerien und das Theatermuseum.

36 Die Galopprennbahn

Das »Braune Band« der Nazi-Schickeria

Er war ein Emporkömmling der besonderen Art und ein Rabauke durch und durch. Korrupt, gewalttätig, gefürchtet und gnadenlos, wenn sich ihm jemand in den Weg stellte: Christian Weber. Ihm ging der Satz, er könne »einen nach Dachau bringen«, locker über die Lippen. Weber hatte sich im März 1933 als Fraktionsvorsitzender der NSDAP im Münchner Stadtrat hervorgetan, als er die SPD-Stadträte, die sich weigerten, für eine Münchner Ehrenbürgerschaft Hitlers und Epps zu votieren, höchstpersönlich aus dem Sitzungssaal prügelte. Der einstige Pferdeknecht, Rausschmeißer und Hausmeister im Nachkriegs-München, Gründungsmitglied der NSDAP und Duzfreund Adolf Hitlers, hatte ein besonderes Faible für Pferde und eine ungezügelte Geltungssucht.

Christian Weber hatte es schnell vom Pferdehändler zum Autobus-Unternehmer und SS-Brigadeführer gebracht – jetzt wollte er auch gesellschaftlich reüssieren. Galopprennen in Riem waren immer schon etwas Besonderes. Der zwei Zentner schwere Mann, seit 1933 Wirtschaftsreferent und NSDAP-Chef im gleichgeschalteten Stadtrat und Kreistagspräsident, wollte München zu einem Zentrum der Vollblutzucht machen, in Konkurrenz zu den elitären Rennvereinen in Baden-Baden und Berlin. Daher die Idee zum Kampf ums »Braune Band von Deutschland«, einem zwischen 1934 und 1941 jährlichen Rennspektakel. Das von Weber organisierte Rennen wurde im Rahmen der »Internationalen Riemer Rennwoche« im Sommer gelaufen und gehörte mit 100.000 Reichsmark zu den höchstdotierten Rennen Europas. Vor allem wollten die Nationalsozialisten mit diesem Rennen für dreijährige und ältere Pferde internationale Cracks aus Frankreich und Italien anlocken, um sich weltoffen und tolerant zu zeigen. Dafür ließ der SS-Brigadeführer die Puppen tanzen. Denn die Riemer Rennwoche wurde immer abgeschlossen mit der »Nacht der Amazonen«, einem halbseidenen Revue-Spektakel der besonderen Art im Park von Schloss Nymphenburg (siehe Ort 94).

Der Ersttagsbrief zum »Braunen Band« 1937

Adresse Graf-Lehndorff-Straße 36, 81929 München (Riem) | **Anfahrt** S 2, Haltestelle Riem | **Und heute** Auf der Galopprennbahn in Riem finden nach wie vor regelmäßig Galopprennen statt – freilich ohne »Nachspiel« in Nymphenburg.

37 Das Gasthaus Cornelius

Das Hauptquartier der Hitler-Truppe

Die Mitgliederzahlen der Partei stiegen, und die Zuwendungen betuchter Münchner Bürger für die junge Partei und vor allem für Hitler nahmen zu. Im Parteilokal »Sterneckerbräu« im Tal wurde es schnell zu eng. Die Parteileitung der NSDAP zog deshalb im November 1921 ins Gärtnerplatzviertel und richtete ihre neue Geschäftsstelle im »Gasthaus Cornelius« in der Corneliusstraße 12 ein. Jetzt mit drei Räumen und einigen Angestellten.

Auch die SA, Anfang 1920 als sogenannter Saalschutz für Parteiveranstaltungen gegründet und zwischenzeitlich zu einem stadtweiten Schlägertrupp umfunktioniert, schlug 1921 ihr Hauptquartier in der Corneliusstraße auf. Eine neuerliche Provokation. Denn im Gärtnerplatzviertel lebten besonders viele sogenannte Ostjuden, die zwischen 1895 und 1910 das zaristische Russland verlassen mussten und sich jetzt zunehmend den Provokationen der SA-Männer, die von hier aus ihre Aufmärsche starteten, ausgesetzt sahen. Die »Münchener Post« schrieb am 28. August 1922 zum Treiben in der Corneliusstraße 12: »Wer bezahlt diese Leute, woher kommen die Mittel, um einen so großen Stab an bezahlten Nichtstuern zu unterhalten, wie sie sich täglich im Parteiheim in der Corneliusstraße aufhalten?« Nach dem Hitlerputsch und dem vorübergehenden Verbot der NSDAP wurde die Geschäftsstelle der Partei aufgelöst.

In diesen frühen 1920er Jahren wurde München zur »Hauptstadt der Bewegung«. Die Nazis beherrschten die Bierkeller und Wirtshaushinterzimmer. Hitler kokettierte anlässlich des Putsch-Prozesses damit, die zwei Jahre zuvor gegründete NSDAP sei aus einer Handvoll »aufrechter Patrioten« entstanden, die sich erstmals wenige Jahre zuvor in einer Kneipe im Tal getroffen hatten. Er nahm für sich die Parteimitgliedschaft Nummer 7 in Anspruch, als die DAP rund 50 Mitglieder umfasste und noch auf dem Niveau einer völkisch-deutschnationalen Sektierer-Gruppe vor sich hin dümpelte.

Parteizentrale der NSDAP in der Corneliusstraße

Adresse Corneliusstraße 12, 80469 München (Isarvorstadt) | **Anfahrt** U 1/2/7/8, Haltestelle Fraunhoferstraße; Bus 52/62, Haltestelle Gärtnerplatztheater | **Und heute** An der Stelle steht ein Neubau mit Wohnungen und kleinen Geschäften.

38 Die Gedenkstätte

Erst jüngst wurde der zentrale Platz erneuert

Knapp 40 Jahre hatte es gedauert, bis München als einstige »Hauptstadt der Bewegung« seine historische Verantwortung auch nach außen hin sichtbar machte. Zwar wurde schon 1946, also kurz nach dem Krieg, auf Beschluss des Münchner Stadtrates die Gedenkstätte »zur Ehrung der Opfer des Nationalsozialismus« proklamiert – übrigens unter dem massiven Protest vieler Münchner Bürger und von Teilen des Stadtrates –, aber erst 1985 wurde das Denkmal mit der »Flamme der Freiheit« errichtet. Wenn auch nur halbherzig. Obwohl das Denkmal an exponierter Stelle aufragte, wurde der Platz nie wirklich Bestandteil des städtischen Ensembles. In aller Regel wurde an ihm achtlos vorbeigefahren, geparkt oder entlangflaniert. Zum Innehalten jedenfalls lud das eher verwaiste Rondell zwischen Maximiliansplatz und Brienner Straße, immerhin Münchens zentraler Gedenkort für die Verfolgten und Ermordeten des NS-Regimes, nur bedingt ein.

Weitere knapp 30 Jahre später, 2015, wurde der Platz neu gestaltet, großzügiger, für das Publikum offener, auch zum Verweilen und Besinnen, ergänzt durch weitere Klarstellungen und Hinweise, ohne seine schon bestehenden Aussagen und Mahnungen zu verändern. Eine große metallene Inschriftentafel entlang der Brienner Straße benennt die Opfergruppen rassistischer und politisch-ideologischer Verfolgung des nationalsozialistischen Terrors, der vom repräsentativen Parteiviertel der NSDAP in der Maxvorstadt aus maßgeblich gesteuert wurde.

Im Zentrum des Platzes, der schräg gegenüber dem früheren Wittelsbacher Palais, der berüchtigten Münchner Gestapo-Zentrale, liegt, steht die sechs Meter hohe Granitstele des Bildhauers Andreas Sobeck. Ein aus Stahl geschmiedeter Kerker, hinter dessen Gittern ständig eine Flamme brennt. Ebenfalls am Platz der Opfer des Nationalsozialismus befindet sich die Gedenkstätte für die durch den Naziterror ermordeten Münchner Sinti und Roma.

Adresse Brienner Straße 18–20, 80333 München (Maxvorstadt) | **Anfahrt** U 3/4/5/6, Haltestelle Odeonsplatz | **Und heute** Der neu gestaltete Platz scheint von den Münchnern stärker beachtet, angenommen und dem Inhalt angemessen gewürdigt zu werden.

39 Das Gewerkschaftshaus

Die Liquidierung der »Arbeiterhochburg«

Dass sich die führenden Sozialdemokraten und Gewerkschafter strikt legal verhalten wollten, war einerseits ehrenhaft, andererseits naiv. Denn sie hatten es jetzt endgültig mit den neuen Machthabern und deren Terrorregime zu tun. Die NSDAP hatte am 9. März 1933 mit der Einsetzung des Reichskommissars von Epp auch in München die Macht übernommen, neuer Polizeipräsident in der Ettstraße war Heinrich Himmler.

Während die Führung der Münchener und der Bayern-SPD gemeinsam mit der Gewerkschaftsspitze im Künstlerhaus am Lenbachplatz tagte und die eskalierende politische Lage beriet, stürmte eine schwer bewaffnete SA-Abteilung das von ihnen gehasste und geschmähte Gewerkschaftshaus in der Pestalozzistraße 40–42, diese bis dahin so stolze »Arbeiterhochburg«, der zentrale Ort der Münchner Arbeiterbewegung. Zahlreiche Gewerkschafter des ADGB (Allgemeiner Deutscher Gewerkschaftsbund) hatten sich im Gebäude teilweise bewaffnet verbarrikadiert, Hunderte warteten in den umliegenden Straßen auf den Befehl zum Widerstand. Der blieb aus. Die Gewerkschafter ließen sich entwaffnen, übergaben das Gewerkschaftshaus kampflos. Die SA funktionierte das Gebäude zu einem zwischenzeitlich »wilden Gefängnis« um, führende Gewerkschafter wurden in »Schutzhaft« genommen, drangsaliert und misshandelt.

In München hatte am 9. März begonnen, was am 2. Mai 1933 deutschlandweit geschah. Die Besetzung aller Gewerkschaftshäuser, die Zerschlagung der freien Gewerkschaften, die massive Verfolgung der Arbeiterbewegung. Gewerkschaftliches Eigentum, Immobilien und Vermögen, wurde beschlagnahmt und ging an die nationalsozialistische »Deutsche Arbeitsfront« (DAF) über.

Das 1912 vom Münchner Architekten Max Littmann (1862–1931) entworfene Gewerkschaftshaus, das neben denen in Hamburg und Paris zu den größten seiner Art in Europa zählte, wurde 1944 durch einen Bombenangriff vollständig zerstört.

Die SA besetzte am 9. März 1933 das Gewerkschaftshaus

Adresse Pestalozzistraße 42, 80469 München (Isarvorstadt) | Anfahrt U 1/2/3/6/7/8, Bus 52, Haltestelle Sendlinger Tor | Und heute Eine Gedenktafel in der Pestalozzistraße 42–50, heute ein großer Wohnblock, erinnert an die Besetzung, Enteignung und Zerstörung des Münchner Gewerkschaftshauses.

40 Der Granit-Kubus

Flanieren und innehalten

Hier spielen die Münchner an Wochenenden und am Feierabend Boule, flanieren Touristen auf den sorgsam gepflegten Wegen, genießen die Menschen die üppigen Bepflanzungen der Stadtgartendirektion. Am nordöstlichen Ende des Hofgartens, in unmittelbarer Sichtachse der zur Bayerischen Staatskanzlei führenden Galerie, steht der große, mächtige Kubus aus poliertem schwarzen Granit. Für dessen Betrachtung sollte man sich unbedingt einige Minuten Zeit nehmen, da er sich einem nicht gleich erschließt.

»Zum Erinnern – Zum Gedenken« steht da eingraviert, und es ist das kubische Mahnmal zur Erinnerung an den Widerstand gegen das NS-Regime und an die ermordeten Juden. Lässt man sich genauer auf diesen 1996 errichteten Gedenkstein ein, entdeckt man in den Granit eingelassene, handgeschriebene Zitate aus den Flugblättern der Widerstandsgruppe »Weiße Rose« rund um die Geschwister Hans und Sophie Scholl, einen Aufruf des Generals Erwin von Witzleben zu Frieden und Völkerverständigung und einen handschriftlichen Auszug aus dem Brief Josef Hufnagels, 40 Jahre alt, Bauer, von 1944: »Meine Lieben, Mein letzter Brief an Euch. Das Gnadengesuch ist abgelehnt worden. Ich werde um 15 Uhr hingerichtet. Also lebt wohl und in der Ewigkeit sehen wir uns wieder.« Auf dem Kubus liegen immer wieder kleine Steine zum Gedenken an die Toten des Terrors.

Der 1996 von dem saarländischen Bildhauer Leo Kornbrust entworfene schwarze Granit-Kubus erzielt seine wuchtige und dennoch zurückgenommene Wirkung nicht zuletzt durch die unmittelbare räumliche Nähe zu dem 1924 entstandenen Kriegerdenkmal mit der begehbaren Gruft und der Skulptur »Toter Krieger« in Erinnerung an die 13.000 im Ersten Weltkrieg gefallenen Münchner Soldaten. 1934 wurde es zum Ort, an dem die NSDAP gemeinsam mit der Wehrmacht an ihrem jährlichen »Heldengedenktag« den wieder erstarkten Militarismus propagandistisch in Szene setzte.

Adresse nördlicher Hofgarten, 80538 München (Maxvorstadt) | **Anfahrt** U 3/6, Haltestelle Odeonsplatz; Tram 27, Haltestelle Nationalmuseum / Haus der Kunst; Bus 100 (Museumslinie), Haltestelle Königinstraße | **Und heute** Kritik an dem Granit-Kubus wird immer wieder laut, da er nur einen Ausschnitt des deutschen Widerstandes gegen die Nazi-Barbarei zeigt und den Widerstand zum Beispiel durch Kommunisten und Sozialdemokraten auslässt.

Inschrift am Kriegerdenkmal im Hofgarten.

41 Die Gurlitt-Wohnung

Nazi-Raubkunst zurück im öffentlichen Bewusstsein

Als Ende November 2013 bekannt wurde, dass die Ermittlungsbehörden knapp zwei Jahre zuvor in einer Schwabinger Wohnung rund 1.300 dort gehortete Kunstwerke beschlagnahmt hatten, von denen die meisten seit 1945 als verschollen galten, schlug das ein wie eine Bombe. Die Bilder, darunter Werke von Matisse, Chagall, Renoir und Liebermann, waren im Besitz des 1932 geborenen Cornelius Gurlitt, eines Sohns des wegen seiner Hehler-Tätigkeiten während der Nazi-Zeit umstrittenen Kunsthändlers Hildebrand Gurlitt. Sie entfachten das auch mehr als sieben Jahrzehnte nach Ende des Zweiten Weltkriegs nie richtig aufgearbeitete Thema »NS-Raubkunst« aufs Neue.

Die NS-Oberen, an vorderer Stelle Adolf Hitler und Hermann Göring, hatten es aus ideologischen Gründen, aber auch aus Habgier und Geltungssucht schon früh auf europäische Kunst abgesehen und ihren Raubzug im Gefolge der Unterwerfung Europas geplant. Hitler tat es für die perfide Idee eines »Führermuseums Linz«, Göring für sein privates Anwesen »Carinhall«. Allein in Frankreich wurden rund 100.000 Kunstwerke gestohlen, vor allem aus jüdischem Besitz, zur Kriegsfinanzierung verkauft oder nach Deutschland transportiert.

Kunstraub war eine »Kernkompetenz« der NS-Eliten, staatlich organisiert und systematisch umgesetzt mit Beginn der Reichspogromnacht vom 9. November 1938. Vor allem in München. Die Kuratoren und Direktoren der Münchner Museen nannten der Gestapo die Namen ihnen jahrelang bekannter und vertrauter jüdischer Kunsthändler sowie Sammler und verfassten Inventarlisten. Im Winter 1938/39 wurden Villen, Wohnungen und Ateliers jüdischer Kunstsammler in München systematisch geplündert, rund 2.000 Gemälde, Skulpturen, Antiquitäten aus Wohnungen von 72 Münchner Familien gestohlen und ihre Besitzer verhaftet und deportiert. Die Museumsdirektoren als »staatliche Hehler« durften sich bedienen. Was sie nicht mochten, landete in der »Münchner Kunsthandelsgesellschaft«, dem »arisierten« Kunst- und Antiquitätenhaus Bernheimer.

BESTANDSAUFNAHME GURLITT

DER NS-KUNSTRAUB UND DIE FOLGEN

Adresse Artur-Kutscher-Platz 1, 80802 München (Schwabing) | Anfahrt U 3/6, Haltestelle Münchner Freiheit; U 6, Haltestelle Dietlindenstraße | Und heute Bis heute ist das Thema NS-Raubkunst in München nicht aufgearbeitet. Ebenso wenig der Verbleib zahlreicher von Münchner Bürgern nach dem Krieg geplünderter Kunstwerke aus den Luftschutzbunkern des »Führerbaus«.

42 Das »Hakenkreuzhaus«

Opportunistische Bauweise in schickem Ambiente

Vorauseilender Gehorsam in Münchens guter Gegend oder das Ergebnis rationaler Überlegung? In verschiedenen Münchner Stadtteilen entstanden in den 1930er Jahren sogenannte »Hakenkreuzhäuser«, Gebäude nach dem architektonischen »Vierspänner«-Prinzip. Das bedeutete einen Gebäudegrundriss, in dem vier zusammenhängende Wohneinheiten die Form eines Hakenkreuzes bildeten. Vielfach wurden für diese Bauweise, für die der Architekt Wilhelm Schuhwerk verantwortlich zeichnete, der selbst ein Grundstück besaß und die Idee zu dieser Bauweise hatte, rationale Gründe ins Feld geführt. Kostenersparnis, die optimale Nutzung eines eingeschränkten Baugrunds, bessere Heizungsmöglichkeiten durch rationale Wärmetechnik, geringere Baukosten. In Wirklichkeit aber korrespondierten die Bauten in willfähriger Faszination mit den neuen Machthabern und fanden als »Hakenkreuzhäuser« auch öffentliches Interesse. Bis heute gehören diese Häuser ins nationalsozialistische Kuriositäten-Kabinett.

1934 wurden in München mehrere Häuser dieses Typus gebaut, realisiert von der Baufirma Held & Francke, die sich noch heute über Google Earth bestens ausmachen lassen. In der Donaustraße in Bogenhausen entstanden 1934 zwei Wohnhäuser dieses Typus, die Nummern 25 und 32. Und in der Hanfstaenglstraße 18 im Stadtteil Gern-Nymphenburg 1934 das immer noch zu besichtigende Wohnhaus. Die Bauherren nutzten den politischen Umschwung für ihre Interessen, setzten mit nationalsozialistischer Argumentation die Baubehörden unter Druck und erhielten für diese absurde Bauform schließlich von der Münchner Lokalbaukommission die entsprechenden Genehmigungen. Schließlich sollten die ungewöhnlichen Vierspänner als »Deutsche Garteneigenheime« gebaut werden, von der Straße zurückversetzt, umgeben von viel Grün. Zuvor wurde in München in dieser Form nie gebaut, auch danach nicht wieder.

Adresse Hanfstaenglstraße 18, 80638 München (Nymphenburg) | **Anfahrt** Tram 17, Bus 51/143, Haltestelle Maria-Ward-Straße; Tram 17, Bus 51/151, Haltestelle Dall'Armistraße | **Und heute** Die Hanfstaenglstraße 18 ist nach wie vor ein Wohnhaus.

43 Die Hauptsynagoge

Abriss aus perfider Willkür

Sie war die größte und schönste Synagoge Münchens und bildete mit dem Künstlerhaus am Lenbachplatz ein Gebäudeensemble von ganz besonderem Reiz. Sie war das Symbol liberalen jüdischen Lebens in München. Denn jüdische Literaten, Maler und Filmschaffende sowie zahlreiche Karikaturisten des »Simplicissimus« und der Theaterregisseur Max Reinhardt prägten München als Kulturstadt.

Der Schriftsteller Lion Feuchtwanger gehörte zu den prominentesten Vertretern jüdischen Lebens in der Stadt. Im amerikanischen Exil beschrieb er später mit seinem Roman »Erfolg« den Aufstieg der Nazis in Bayern. Hunderte jüdischer Geschäfte belebten die Stadt, das riesige Warenhaus am Hauptbahnhof des Berliner Unternehmers Hermann Tietz, das später arisiert wurde, das Kaufhaus Uhlfelder, das SA-Horden in der Reichspogromnacht verwüsteten. Zwischenzeitlich lebten und prägten rund 12.000 jüdische Bürger den Alltag Münchens.

Geistliches Zentrum der Israelitischen Kultusgemeinde München und des jüdischen Lebens war die zwischen 1883 und 1887 im spätromanischen Stil erbaute Hauptsynagoge des Architekten Albert Schmidt in der Herzog-Max-Straße, die mit 1.800 Plätzen seinerzeit drittgrößte Synagoge Deutschlands nach Berlin und Breslau.

Hitler, der nach Theaterbesuchen gern noch im Lenbachhaus einkehrte, empfand die prächtige Synagoge als »Schandfleck«, von dem München zu befreien sei. Er befahl deren Abbruch. Man benötige das Grundstück für einen Parkplatz, hieß es, aus »verkehrstechnischen Gründen«. Die Kosten für den Abriss hatte die jüdische Gemeinde zu bezahlen. So wurde die Hauptsynagoge im Juni 1938, fünf Monate vor der Reichspogromnacht, auf Geheiß des Gauleiters Wagner von der Münchner Baufirma Moll abgerissen. Ernsthafter Protest der Münchner Bürgerschaft gegen diesen Wahnsinn regte sich nicht. Alles Jüdische wurde zunehmend diffamiert, tyrannisiert, verfolgt.

Abriss der Synagoge in der Herzog-Max-Straße am 9. Juni 1938

Adresse Maxburgstraße, Ecke Herzog-Max-Straße, 80333 München (Altstadt) | Anfahrt U 3/6, Haltestelle Marienplatz; U 4/5, Tram 17/18/19/20, Haltestelle Karlsplatz (Stachus) | Und heute Nach dem Krieg wurde das Grundstück der jüdischen Gemeinde zurückerstattet, die es dann der Stadt verkaufte. Als die Stadt es an den Karstadt-Konzern weiterveräußerte, kam der gesamte Verkaufserlös der jüdischen Gemeinde zugute und floss in das neue Zentrum am Jakobsplatz. Heute erinnert ein großer Basaltblock an diesen mächtigen Sakralbau in unmittelbarer Nachbarschaft des Lenbachplatzes.

44_Das »Haus der Dt. Ärzte«

Die Gleichschaltung der Ärzteschaft

Das »Haus der Deutschen Ärzte«, seit 1935 Sitz des Verbandes der Kassenärzte Deutschlands, steht heute unverändert in der Brienner Straße. Hinter dem montierten Landeswappen von Oberösterreich über dem Rundbogenportal lässt sich immer noch die Schlangenskulptur, das Ärztesymbol, des Bildhauers Bernhard Bleeker ausmachen, der auch den »Windspiele-Brunnen« im Innenhof gestaltete.

Das Haus war im Besitz der NSDAP und wurde am 3. November 1935 in Anwesenheit Hitlers eingeweiht. Der »Führer« war von der Bauart des Architekten Roderich Fick so angetan, dass er ihn unmittelbar nach der Einweihung ins nahe »Braune Haus« beorderte, um ihn mit zahlreichen weiteren Aufträgen auszustatten. Er wurde zum Günstling und Stararchitekten des »Führers« und erhielt zahlreiche lukrative Aufträge, unter anderem den Ausbau des Hitler-Domizils Obersalzberg und die Reichssiedlung »Rudolf Heß« in Pullach. 1939 wurde Fick, der auf Weisung Hitlers Professor der Architektur auf Lebenszeit an der TU München wurde, von seinem Mentor zum Reichsbaurat der »Führerstadt« Linz an der Donau ernannt und 1944 in die NS-Künstlerliste der »Gottbegnadeten« aufgenommen.

Schon 1933 wurde jüdischen Ärzten die kassenärztliche Zulassung entzogen, verstand sich die deutsche Ärzteschaft als rein »arisch«. Ab 1938 durften Juden auch privat keine Deutschen mehr behandeln und sich nicht mehr »Arzt« nennen. Erster sogenannter »Reichsärzteführer« nach der Gleichschaltung der Ärzteschaft war der Mediziner Gerhard Wagner, seit 1929 Mitglied der NSDAP und Leiter des sogenannten Nationalsozialistischen Deutschen Ärztebundes in der Karlstraße. 1935 wurde Wagner Präsident der Reichsärztekammer und der neu gegründeten Kassenärztlichen Vereinigung mit Sitz in der Brienner Straße. Wagner und seine Behörde propagierten die rassistische Medizin, zeichneten verantwortlich für medizinische Experimente an Menschen, für Zwangssterilisationen von Juden und Behinderten und die mörderischen »Euthanasie-Programme«.

Feierlichkeit im Ärztehaus am 27. April 1939

Adresse Brienner Straße 23, 80333 München (Maxvorstadt) | **Anfahrt** U 3/4/5/6, Haltestelle Odeonsplatz; U 1/2/8, Haltestelle Königsplatz; Tram 27/28, Haltestelle Karolinenplatz | **Und heute** Das Gebäude ist im Originalzustand erhalten und firmiert heute unter »Oberösterreich-Haus«. Es ist Sitz zahlreicher österreichischer Institutionen.

45 Das »Haus der Dt. Kunst«

Ab 1937 gab es die »Große Deutsche Kunstausstellung«

Das »Haus der Deutschen Kunst«, das einzige während der Nazi-Zeit in Deutschland entstandene Kunstmuseum und der erste NS-Monumentalbau, ist das in Stein gegossene Symbol des pervertierten Kunstbegriffes der Nationalsozialisten, wie er in Form und Darstellung ohne historisches Beispiel ist. München wurde anlässlich der pompös inszenierten Grundsteinlegung im Oktober 1933 von Adolf Hitler zur »Hauptstadt der Deutschen Kunst« ausgerufen. 1937 wurde der durch Mäzene der deutschen Großindustrie finanzierte, im neoklassizistischen Stil vom Hitler-Architekten Paul Ludwig Troost entworfene Bau mit der »Großen Deutschen Kunstausstellung« eröffnet.

Für die erste Ausstellung gab es 15.000 Einsendungen. 1937 sortierte Hitler höchstpersönlich unzählige Werke als »undeutsch« aus. Zu sehen waren pathetische Landschaftsmalerei, bäuerliches Genre, mythische Szenen, rassistische, kriegsverherrlichende Werke, heroische Arbeiter, weibliche Akte und Plastiken. Bis 1944 fanden acht große Kunstaustellungen statt. Ausstellen durften nur lebende Künstler, die Mitglieder in der »Reichskammer der bildenden Künste« waren. 1937 gehörten ihr knapp 18.000 Mitglieder an, davon 5.000 aus München. Künstler der Avantgarde und jüdische Künstler waren ausgeschlossen.

Höhepunkt der dreitägigen Eröffnungsfeierlichkeiten vom 16. bis 18. Juli 1937 war der kilometerlange Festzug »2.000 Jahre Deutsche Kultur« von der Prinzregentenstraße durch die Innenstadt, den Zehntausende Münchner säumten. Der Festzug, zusammengestellt und ausgestattet von renommierten Künstlern, sollte die kulturellen Leistungen des deutschen Volkes darbieten, Epochen germanischer und deutscher Geschichte: germanische Priester, historische Trachten, Walküren mit metallenen Büstenhaltern, Wehrmachts- und SS-Einheiten. Antike Mythologie, nordische Sagenwelt, Mittelalter und die Opernwelt Richard Wagners – alles von der NS-Ideologie in Pomp und Kitsch adaptiert.

Einweihung am 18. Juli 1933 mit Standartenaufzug und uniformierter Formation vor Hitler

Adresse Prinzregentenstraße 1, 80538 München (Lehel) | Anfahrt U 3/4/5/6, Haltestelle Odeonsplatz; U 4/5, Haltestelle Lehel; Tram 17, Haltestelle Bayerisches Nationalmuseum / Haus der Kunst; Bus 100 (Museumslinie), Haltestelle Königinstraße | Und heute Das heutige »Haus der Kunst« bietet seit den 1950er Jahren wechselnde Ausstellungen und gehört seit Jahren zu den führenden Münchner Adressen für zeitgenössische Kunst.

46 Das »Haus des Dt. Rechts«

Juristen wurden zu Bütteln des Systems

Rechter Hand des Siegestores am nördlichen Ende der Ludwigstraße steht der zwischen 1936 und 1939 entstandene, lang gestreckte dreigeschossige Gebäudekoloss, aus dem heraus die Gleichschaltung der deutschen Justiz unter der nationalsozialistischen Herrschaft organisiert wurde. Ziel war es, die Gesetzgebung und Rechtsprechung den NS-Normen zu unterwerfen. Oder wie Adolf Hitler es schon 1920 gefordert hatte: das römische Recht durch ein »deutsches Gemeinrecht« zu ersetzen. Mit der Machtübernahme der Nazis 1933 wurde das Recht gebeugt, und vonseiten der Justiz gab es so gut wie keinen Protest, geschweige denn Widerstand.

Maßgeblicher Initiator der »Neugestaltung des deutschen Rechtslebens«, also der Gleichschaltung der Justiz im nationalsozialistischen Sinn, war der junge Rechtsanwalt Hans Frank, seit 1923 Mitglied der NSDAP und Leiter der Rechtsabteilung der Partei. Frank, der schon 1928 den »Bund Nationalsozialistischer Deutscher Juristen« gegründet hatte und nach der »Machtergreifung« zwischenzeitlich bayerischer Justizminister und »Reichskommissar« für die Gleichschaltung der Justiz in den Ländern war, gründete 1933 die »Akademie des Deutschen Rechts« mit Sitz in München. Bis 1942 blieb er deren Präsident. Sein Ziel, die Justiz zu einer »Waffe von ungeheurer Bedeutung für das deutsche Volk« zu machen, wurde rigoros umgesetzt.

1939 zog die »Akademie des Deutschen Rechts« in das vom Architekten Oswald Bieber im klassizistischen Stil mit Säulenportal erbaute Gebäude an der Ludwigstraße – in enger Anbindung an die Universität und deren juristische Fakultät. Frank selbst wurde 1942 »Generalgouverneur« im besetzten Polen und organisierte dort den Massenmord an Juden.

Im Zweiten Weltkrieg wurde die Ludwigstraße 28 von Bomben getroffen und teilweise zerstört, nach dem Krieg aber in unveränderter Form wiederaufgebaut.

Richtfest des »Hauses des Deutschen Rechts« am 31. Oktober 1937

Adresse Ludwigstraße 28, 80539 München (Maxvorstadt) | **Anfahrt** U 3/6, Bus 154, Haltestelle Universität | **Und heute** Die Ludwigstraße 28 beherbergt heute Seminargebäude und die wirtschaftswissenschaftliche Bibliothek der Ludwig-Maximilians-Universität.

47 Die Heil- und Pflegeanstalt

Die Vernichtung »lebensunwerten Lebens« in Haar

Zwar wurde die 1905 im Weiler Eglfing bei Haar mit 30 im Jugendstil gebauten Pavillons und 46 Krankenstationen eröffnete »Kreisirrenanstalt« für 1.200 Patienten 1931 in Heil- und Pflegeanstalt Haar umbenannt – doch täuscht der wohlklingendere Name nicht darüber hinweg, dass die Anstalt 1933 zum Ort der nationalsozialistischen Vernichtungsmaschinerie wurde. Hermann Pfannmüller, ein Verfechter der »Rassen- und Erbbiologie« und seit 1938 Chef der Heil- und Pflegeanstalt Haar, entschied über »lebenswertes« und »lebensunwertes« Leben. Ab 1940 veranlasste er den Transport von insgesamt 2.015 geistig und körperlich behinderten Männern und Frauen aus Haar zur Ermordung in die Tötungsanstalten Grafeneck und Hartheim. Und er war verantwortlich für die Einrichtung von klinikeigenen Hungerhäusern, in denen 430 Erwachsene und 330 Kinder durch Mangelernährung und überstarke Schlaf- und Beruhigungsmittel vorsätzlich umgebracht wurden. Bayernweit veranlasste die Klinikleitung »Tötungsempfehlungen in mehreren tausend Fällen«.

Verantwortlich für die Euthanasie-Programme der Nationalsozialisten und die Vernichtung »lebensunwerten Lebens« war der für kurze Zeit amtierende Münchner Polizeipräsident Philipp Bouhler, den Hitler 1934 zu seinem Berliner Kanzleichef ernannte. Hitler persönlich machte Bouhler, Parteimitglied der ersten Stunde, gemeinsam mit seinem Hausarzt Karl Brandt zum Verantwortlichen für das Euthanasie-Programm, der sogenannten »Aktion T4«, benannt nach einer Villa in der Berliner Tiergartenstraße 4, wo die Mordmaschinerie zur systematischen Tötung sogenannter »erbkranker« Menschen erdacht und beschlossen wurde. Zehntausende psychisch kranker, körperlich, geistig und seelisch behinderter Menschen wurden in Nacht-und-Nebel-Aktionen, die von der Bevölkerung möglichst unbemerkt bleiben sollten, in die verschiedenen Tötungsanstalten, wie ins hessische Hadamar, überstellt und umgebracht – von den Verantwortlichen zynisch als »Aktion Gnadentod« deklariert.

Die Busse der »Aktion T4«

Adresse Vockestraße 72, 85540 München (Haar) | Anfahrt Bus 242/243/285, Haltestelle IAK-Klinikum München-Ost | Und heute Bis 2007 firmierte die Heil- und Pflegeanstalt Haar unter dem Namen Bezirkskrankenhaus Haar, danach als Krankenhaus für Psychiatrie des kbo-Isar-Amper-Klinikums München-Ost. Auf dem Klinikgelände gibt es ein Mahnmal zum »Gedenken an die Opfer der Euthanasie während des NS-Regimes«.

48 Die »Heimanlage für Juden«

Interniert im Kloster der Barmherzigen Schwestern

Jeder Jude ab dem sechsten Lebensjahr hatte ab September 1941 auf der Kleidung einen gelben Stern mit schwarzer Aufschrift zu tragen: »Jude«. Demütigungen und Diskriminierungen in allen Lebensbereichen. Kurz nach der Errichtung des Sammellagers Milbertshofen, der »Judensiedlung«, entstand am anderen Ende der Stadt im Juli 1941 auf dem Gelände des Klosters der Barmherzigen Schwestern die sogenannte »Heimanlage für Juden«. Ein verharmlosend zynischer Terminus für ein Internierungslager, an dessen Ende der sichere Tod stand. Die »Arisierungsstelle« in der Widenmayerstraße hatte kurzerhand einen Trakt des Klosters enteignet. 320 jüdische Bürger wurden hier in 38 kleinen Zimmern auf zwei Stockwerken zusammengepfercht.

Anfänglich waren es überwiegend ältere und kranke jüdische Bürger, die aus ihren Wohnungen vertrieben und hierhergezwungen wurden und von denen die meisten anschließend zu körperlich schweren Arbeitseinsätzen verpflichtet wurden. Täglich gab es lange Fußmärsche zu den Arbeitsstätten in Firmen oder zum Siedlungsbau. Wie auch in Milbertshofen mussten die Geschundenen für »Kost und Logis« selbst aufkommen. Geführt wurde das Lager ebenfalls von Juden. Die jüdische Wirtschaftsleiterin der »Heimanlage«, Else Rosenfeld, war selbst ständig von der Deportation in ein Konzentrationslager bedroht. Auf der Gedenktafel steht ein Zitat von ihr: »Wieviel leichter ist es, unter denen zu sein, die Unrecht erleiden, als unter denen, die Unrecht tun.«

Auch 85 Bewohner der »Heimanlage« kamen am 20. November 1941 auf den ersten Deportationstransport in die Vernichtungslager, der erste von mehr als 40 weiteren. Nachdem die Letzten der etwa 500 Menschen, von denen viele vor dem Abtransport Selbstmord begingen, in den Tod geschickt worden waren, wurde die »Heimanlage« am 1. März 1943 geschlossen. Der Klosterflügel, in dem sich das Lager befunden hatte, wurde 1980 abgerissen.

Adresse Sankt-Michael-Straße 16, Ecke Clemens-August-Straße, 81673 München (Berg am Laim) | **Anfahrt** U 1/2, Haltestelle Josephsburg; Bus 187, Haltestelle Sankt Michael | **Und heute** An der Stelle des damaligen Sammellagers steht seit 1987 ein etwas verstecktes Denkmal des Bildhauers Nikolaus Gerhart. Ein Granitblock, dezent mit dem Judenstern und der Jahreszahl versehen, blockiert das frei stehende historische Portal des alten Klostertrakts. Eine Tafel erinnert an die Jüdin Else Rosenfeld, von 1941 bis 1942 Wirtschaftsleiterin der »Heimanlage«.

49 Das Hinterhaus

Hier wohnten die Geschwister Scholl

Sophie Scholl, gerade 21 Jahre alt, und ihr 24-jähriger Bruder Hans entstammten einem liberalen Elternhaus und studierten in München. Mit Freunden hatten sie sich im Sommer 1942 zur »Weißen Rose« zusammengeschlossen, einer Widerstandsgruppe gegen den Naziterror. Sie wollten vor allem ihre Kommilitonen wachrütteln, forderten sie auf, es ihnen gleichzutun.

Seit Wochen traf sich der Kreis Gleichgesinnter in ihrer Wohnung im Hinterhaus der Franz-Joseph-Straße 13. Gerade hatte die Schlacht um Stalingrad Hunderttausende Deutsche und Russen das Leben gekostet. Die Gruppe diskutierte und war sich einig, jetzt erst recht Widerstand zu leisten. Hier in Schwabing verfassten sie ihre Flugblätter, tippten sie auf der Schreibmaschine, vervielfältigten die Aufrufe mühselig in einigen tausend Exemplaren auf der Druckerpresse. Auch das neueste Flugblatt »Kommilitonen! Kommilitoninnen!« entstand hier, noch in der Euphorie über die Wirkung einer Aktion von Hans Scholl, Willi Graf und Alexander Schmorell wenige Tage zuvor. In der Ludwigstraße hatten die drei nachts an die Wände der Uni den Schriftzug »Nieder mit Hitler« gepinselt, über den Uni-Eingang das Wort »Freiheit«. Eine Sondereinheit der Gestapo war alarmiert.

Am 18. Februar 1943 verließen die Geschwister Scholl das Haus mit einem Koffer voller Flugblätter. Wenig später eilte ein Freund in die Franz-Joseph-Straße. Er wollte Hans und Sophie warnen, traf sie aber nicht mehr an. Die Geschwister waren schon in der Uni, legten ihre Flugblätter vor die noch geschlossenen Hörsäle und entschlossen sich, die restlichen Flugblätter über die Brüstung des obersten Ranges in den Lichthof zu werfen. Da erwischte sie der Hausmeister, ein SA-Mann, und alarmierte die Gestapo. Am 22. Februar 1943 wurden die Geschwister Scholl in Stadelheim durch die Guillotine enthauptet, wenige Tage später dann die übrigen Mitglieder der »Weißen Rose«.

Hans Scholl, Sophie Scholl und Christoph Probst am 23. Juli 1942

Adresse Franz-Joseph-Straße 13, 80801 München (Schwabing) | **Anfahrt** U 3/6, Haltestelle Giselastraße | **Und heute** An der Hausfassade der Franz-Joseph-Straße 13 erinnert eine Gedenktafel daran, dass im Hinterhaus die Geschwister Scholl von Juni 1942 bis zu ihrem Tod im Februar 1943 gewohnt haben. Am Haus Mandlstraße 28 erinnert eine Tafel an Willi Graf, der hier am 18. Februar 1943 mit seiner Schwester Anneliese verhaftet wurde.

50_Die Hitler-Wohnung

400 Quadratmeter am Prinzregentenplatz

Die Bruckmanns und die Hanfstaengls drängten Hitler, seine spärlich möblierte Zwei-Zimmer-Wohnung in der Thierschstraße 41 zu verlassen und endlich repräsentativ zu wohnen. Am 1. Oktober 1929 zog Adolf Hitler in das gutbürgerliche Jugendstilhaus Prinzregentenplatz 16. Im zweiten Stock hatte er, mit finanzieller Unterstützung der Partei, eine geräumige Neun-Zimmer-Wohnung auf knapp 400 Quadratmetern angemietet, inklusive eines Trakts für Personal und Köchin. Die skeptischen Vermieter verlangten eine Jahresmiete von über 4.000 Mark im Voraus, der Münchner Verleger Kurt Bruckmann übernahm die Bürgschaft. 1936 kaufte die NSDAP das ganze Haus.

Die Wohnung Hitlers war bieder-rustikal eingerichtet. Den Stuck und die Symbole des Jugendstils ließ Hitler von den Wänden schlagen. Eine Wagner-Büste, ein Gemälde Friedrichs des Großen, pompöse Werke der Münchner Schule, vor allem Historien- und Landschaftsbilder in opulenten Rahmen sowie sämtliche Karl-May-Bände zierten stattdessen die Räume. Hinter dem Haus wurde 1941 ein Privatbunker für ihn gebaut. Bis Ende 1945 sollte der Prinzregentenplatz Hitlers Privatadresse in München bleiben, wenngleich er ab 1939 nur noch selten vor Ort war.

Schon wenige Monate nach seinem Einzug folgte Hitler seine Nichte Geli Raubal in die Wohnung, die 19-jährige Tochter seiner Halbschwester, die ihren »Onkel Alf« anhimmelte und die Hitler zur Opernsängerin ausbilden lassen wollte. Schnell kam das Gerücht auf, die junge Geli sei die Geliebte ihres Onkels. Am 18. September 1931 erschoss sie sich in der gemeinsamen Wohnung, ohne Abschiedsbrief, mit Onkel Alfs Pistole, kurz nachdem dieser zu einer Wahlkampfreise aufgebrochen war. Hitler zeigte sich tief erschüttert, ließ in der Wohnung eine Büste von Geli aufstellen. An ihrem Todestag schloss er sich regelmäßig stundenlang im Zimmer seiner Nichte ein. Die Umstände des Todes von Geli Raubal wurden nie geklärt.

Adresse Prinzregentenplatz 16, 81675 München (Bogenhausen) | **Anfahrt** U 4, Haltestelle Prinzregentenplatz | **Und heute** 1945 ging das Haus in den Besitz des Freistaates Bayern über. Heute befindet sich im Haus Prinzregentenplatz 16 die Polizeiinspektion 22 München-Bogenhausen.

51 Das HJ-Heim

Die Hitlerjugend wurde in München gegründet

Schön gelegen, einige Meter von den Gründerzeithäusern der Eduard-Schmid-Straße entfernt, zum rechten Isarufer hin, tut sich inmitten der Grünanlage ein barackenähnlicher Gebäudekomplex auf, von dem man sich fragt, wie er dahin gekommen ist. Denn heute gilt hier strengstes Bauverbot. Das Ensemble, das die Stadtgartendirektion mit Dutzenden angeschlossener Gewächshäuser beherbergt, wurde 1936 im Zuge des »Gesetzes über die Hitlerjugend« für die HJ gebaut. Die Reichsführung der Hitlerjugend gab die Direktive vor, diese Heime bevorzugt in Grünanlagen zu errichten, die bei allem indoktrinierenden Drill auch der Erholung dienen sollten. So baute Architekt Carl Vessar in prominenter Lage neben dem für die HJ-Führer vorgesehenen zweigeschossigen Haupthaus mit Gruppenräumen und Saal eine jugendherbergsähnliche Anlage mit flachen Ziegeldächern und grün gestrichenen Fensterläden.

Die Hitlerjugend war zutiefst mit München verbunden. Mit dem »Jugendbund der NSDAP« entstand bereits 1922 ein Vorläufer der HJ, die 1926 offiziell gegründet wurde. Bis 1932 war sie der SA unterstellt und wurde 1936 die staatliche Jugendorganisation der Partei und des Deutschen Reiches, parteikonform und autoritätsgläubig. 1933 wurden so gut wie alle deutschen Jugendverbände gleichgeschaltet oder verboten. 1938 zählte die HJ bereits reichsweit über acht Millionen Mitglieder. 1926 wurde auch die sogenannte »Schwesternschaft« gegründet, die 1930 in »Bund Deutscher Mädels« umbenannt wurde. Ab 1931 wurde die Hitlerjugend von München aus gesteuert, an deren Spitze »Reichsjugendführer« Baldur von Schirach stand. Wer der HJ nicht beitrat, wurde ausgegrenzt, diffamiert. Beamtenkinder wurden zwangsverpflichtet. Das Ziel der streng nach dem »Führerprinzip« organisierten HJ: die Jugend kompromisslos zum Nationalsozialismus zu erziehen und auf einen zu erwartenden Krieg vorzubereiten.

Hitlerjungen mit »Führer«

Adresse Eduard-Schmid-Straße 36, 81541 München (Au-Haidhausen) | Anfahrt U 1/2/7, Haltestelle Kolumbusplatz | Und heute Heute ist das ehemalige HJ-Heim, das in den 1960er Jahren einen Anbau erhielt, Sitz der Stadtgartendirektion München.

52 Die Hochbunker

1940 erreichten britische Bomber erstmals das Stadtgebiet

Die meisten Münchner haben sich an die überall im Stadtgebiet herumstehenden, fensterlosen, aber mit senkrechten Belüftungsöffnungen versehenen, wuchtigen Betonbauten gewöhnt. München-Besucher fragen sich, was es mit den massiven Betonklötzen auf sich hat. Einige werden als Ausstellungs- und Eventräume genutzt, ein anderer als Weindepot, und neuerdings entstehen in denen in attraktiven Wohnlagen sündhaft teure Luxuswohnungen. Viele dieser Bauten sind einfach nur zubetoniert, mit Graffiti verschmiert, manchmal zu Müllplätzen verkommen. All diese ominösen Gebäude sind Hochbunker aus der Nazi-Zeit, erbaut als »Führer-Sofortprogramm« zwischen 1940 und 1944 zum Schutz der Zivilbevölkerung vor den zunehmenden Luftangriffen britischer Bomber.

Rund 40 solcher Hochbunker gibt es im Stadtgebiet. Meist sechsgeschossig und ausgelegt für 250 bis 750 Menschen, die hinter bis zu zwei Meter dicken Mauern und gasdichten Eingangsschleusen vor Bomben, Brandsätzen und explosionsbedingten Druckwellen geschützt werden sollten. Und wie bei den sogenannten Versuchsbauten an der Prinzregentenstraße sollten die Bunker ins Stadtbild und vielfach in die Wohneinheiten integriert werden. Der Hochbunker in der Blumenstraße, einem mittelalterlichen Wehrturm nachempfunden, wurde mit einem Ziegeldach, einem Türmchen und einem Dachreiter versehen und hatte einen Treppenaufgang mit Rundbogenportal. Dann wieder sah man Fensterimitationen, Eckendekorationen und künstliches Gesims.

Die von diversen Architekten im Auftrag des Stadtbauamtes erbauten Stahlbeton-Monster mit ihren wuchtigen Außenwänden und zwei Meter dicken Deckenplatten, so stellte sich das die Gauleitung vor, sollten den Menschen Sicherheit und »Bunkergeborgenheit« suggerieren, aber auch ständige Wehrbereitschaft einer gleichgeschalteten, militarisierten Gesellschaft.

Adresse Blumenstraße 12 und Hotterstraße 1, 80333 München (Altstadt); Ungererstraße 158, 80805 München (Schwabing) | **Anfahrt** Blumenstraße und Hotterstraße: U 3/6, Haltestelle Münchner Freiheit; Ungererstraße: U 6, Haltestelle Alte Heide | **Und heute** Eigentlich sollten nach dem Krieg alle Bunker, die unzerstört im Trümmerfeld der Stadt standen, auf amerikanische Anordnung hin gesprengt werden, viele blieben aber als Notunterkünfte erhalten und sind jetzt denkmalgeschützt. Zahlreiche Hochbunker stehen leer, andere werden luxussaniert und zu exklusiven Wohneinheiten umgewandelt, wie beispielsweise die in der Hotter- und der Ungererstraße.

53 Das Hofbräuhaus

Bierdunst und Hitlerreden im großen Saal

Am 13. April 1919 riefen die Arbeiter- und Soldatenräte im Hofbräuhaus die kommunistische Räterepublik aus, die wenig später blutig niedergeschlagen wurde. Ein knappes Jahr danach, am 24. Februar 1920, verkündete die noch kleine rechtsradikale Deutsche Arbeiterpartei (DAP), die sich jetzt noch den Namenszusatz »Nationalsozialistisch« (NS) verpasste, an gleicher Stelle ihr erstes Programm. Mit dieser trickreichen Namensänderung versuchte die zwei Jahre zuvor gegründete »junge« Partei die gesellschaftlichen Stränge des »Nationalen« und »Sozialistischen« zu verbinden. Die Proklamierung des 25 Punkte umfassenden Parteiprogramms wurde dem talentiertesten Redner der Parteiführung überlassen: Adolf Hitler.

Und der nutzte die Gunst der Stunde, um vor etwa 2.000 bierseligen und von Blasmusik eingestimmten Zuhörern im großen Saal des traditionsreichen, 1895 von Josef Aumüller erbauten Münchner Hofbräuhauses am Platzl für die Partei und sich Stimmung zu machen. Seine zügellose Rede, antisemitisch und radikal, voller Hasstiraden auf die Herrschenden, gewaltbetont und demokratieverhöhnend, wurde überwiegend bejubelt. Für Hitler mit seinem rhetorischen Talent war der Auftritt ein Riesenerfolg und der Auftakt vieler weiterer Großveranstaltungen im Hofbräuhaus. Am 29. Juli 1921 wurde Hitler im Festsaal auf einer außerordentlichen Mitgliederversammlung (554 Anwesende) bei einer Gegenstimme zum Parteivorsitzenden gewählt.

Nach der »Machtergreifung« 1933 wurde der Abend des 24. Februar im Hofbräuhaus als »Erweckungserlebnis« und Geburtsstunde der NSDAP und ihres Programms gefeiert, alljährlich trafen sich an diesem Datum die »Alten Kämpfer«, um der Parteigründung zu huldigen. Das Hofbräuhaus wurde zur NS-Wallfahrtsstätte. Auch die berüchtigte SA erlebte hier ihre »Feuertaufe«, wie es die Nazis später verklärten. Als es am 4. November 1921 anlässlich einer Parteiveranstaltung zu einer Saalschlacht mit linken Gruppen und Demonstranten kam, verließen die Schlägertrupps der SA den Biertempel als Sieger.

»Parteigründungsfeier« am 24. Februar 1929

Adresse Platzl 9, 80331 München (Innenstadt) | **Anfahrt** U 3/6, Haltestelle Marienplatz | **Und heute** An die Rolle des Hofbräuhauses während der Nazi-Zeit erinnert heute nichts, die einstigen Malereien rund um die Deckenleuchten mit der bayerischen Landesfahne in Form eines Hakenkreuzes wurden nach dem Krieg erneuert.

54 Der »Judenclub«

Der Hass der Nazis auf den FC Bayern

Der sich immer gern als Arbeiterverein gerierende TSV 1860 München wurde schon seit 1932 von NSDAP- und SA-Mitgliedern geführt und gehörte 1933 zu den »nationalsozialistischen Vorzeigevereinen«. Die Geschichte des FC Bayern liest sich anders.

Der 1900 als Faschingsverein in der Kneipe »Gisela« gegründete FC Bayern war immer der Lieblingsverein der Schwabinger Boheme, stets zählten jüdische Mitbürger zu seinen Anhängern und Förderern. Man war weltoffen, modern und hochambitioniert. Trainiert wurde in der Ungererstraße, Spielstätten des FC Bayern lagen an der Clemensstraße, der Leopoldstraße und ab 1925 im Stadion an der Grünwalder Straße. Und irgendwie gehörte der FC Bayern, der jahrelang heimatlos war, auch in die Münchner Innenstadt. Bis 1919 residierte die Geschäftsstelle des Clubs im Hotel Vier Jahreszeiten, danach in der Kaufingerstraße 26 in den Räumlichkeiten des Präsidenten, des Geschäftsmannes Kurt Landauer. In diesen Jahren kamen die sportlichen Erfolge. Im Januar 1932 zog man in die Weinstraße 14 in fünf neue repräsentative Räume gleich hinter dem Rathaus. Am 12. Juni 1932 dann der sportliche Höhepunkt: die erste deutsche Meisterschaft. Ein 2:0 gegen Eintracht Frankfurt vor 55.000 Zuschauern im Nürnberger Stadion. Für Spieler und Vorstand des »Judenclubs«, wie ihn die aufkommenden Nazis diskreditierten, ein Triumph.

Der »Judenclub« sollte der FC Bayern auch nach der »Machtergreifung« bleiben. Kurt Landauer, Sohn einer jüdischen Kaufmannsfamilie, der den FC Bayern groß gemacht hatte, musste sein Präsidentenamt niederlegen. 1939 emigrierte er in die Schweiz. Ebenso Meistertrainer Richard Dombi, ein Österreicher jüdischer Herkunft, und weitere jüdische Vorstandsmitglieder. Intern aber unterwarf sich auch der FC Bayern mit der Aufnahme des sogenannten »Arisierungsparagraphen« in die Vereinssatzung den Doktrinen der Nazis. Die Geschäftsstelle der »Roten« in der Weinstraße wurde am 13. Juli 1944 aufgelöst.

Die Geschäftsstelle des FC Bayern in der Weinstraße 1932

Adresse Weinstraße 14, 80333 München (Altstadt) | **Anfahrt** U 3/6, Haltestelle Marienplatz | **Und heute** Der FC Bayern residiert heute in der Säbener Straße, der einstigen Bezirkssportanlage, in die der Schwabinger Fußballclub 1949 umzog. Die Gebäude der Weinstraße zum Marienhof hin wurden im Krieg zerstört.

55 Das »Judenhaus«

Erst die Entrechtung, dann die Deportation

Der Willkür waren Tür und Tor geöffnet, der Terror seit 1938 durch Gesetze und Verordnungen »legalisiert«. Jüdische Bürger wurden zu Freiwild eines tollwütigen und enthemmten, in der Villa Kaulbach residierenden Gauleiters, der skrupellosen Polizei, der Gestapo sowie einer in großen Teilen perversen Bevölkerung. Demütigungen, Entrechtung, Enteignung, Verschleppung – selbst vor ihren Nachbarn waren die Juden nicht mehr sicher.

Der Terror gegen die 1933 etwa 12.000 in München lebenden Juden, von denen bis Ende 1938 bereits 4.000 enteignet und zur Auswanderung gezwungen worden waren, erreichte nach der Reichspogromnacht eine weitere Dimension. Ab November 1938 wurden sie systematisch aus ihren Wohnungen und Häusern vertrieben. Jüdische Hauseigentümer wurden gezwungen, ihre Immobilien billigst zu verkaufen. »Wohnraumarisierung« nannten die Stadtoberen Münchens dieses Programm, das die »Arisierungsstelle« der Gauleitung in der Widenmayerstraße 27 organisierte. Die über 1.800 frei gewordenen Wohnungen, vielfach in besten Lagen, wurden der Partei zugeschlagen und an »verdiente Parteigenossen« vergeben. Aller jüdischer Besitz wurde beschlagnahmt und geraubt. Die meisten jüdischen Mitbürger wurden gezwungen, in sogenannte »Judenhäuser« zu ziehen.

Rund 20 solcher »Judenhäuser« gab es ab 1939 in München, so in Schwabing in der Jakob-Klar-Straße 7, Ecke Bauerstraße, wo in die Wohnungen im ersten und zweiten Obergeschoss 40 Personen eingewiesen wurden. Ein Leben in drangvoller Enge, menschenunwürdig, streng reglementiert und möglichst abgesondert von der übrigen Münchner Bevölkerung. Die letzte Bleibe, bevor die willkürliche Verhaftung und Deportation in die Konzentrationslager begann. Etwa 1.000 Juden wurden nach Dachau verschleppt, andere in die »Judensiedlung« in Milbertshofen oder in das Sammellager nach Berg am Laim »umgesiedelt«.

Der »Judenstern«

Adresse Jakob-Klar-Straße 7, 80796 München (Schwabing) | Anfahrt U 1/2, Haltestelle Hohenzollernplatz; Tram 12/27/28, Bus 53/59, Haltestellen Kurfürstenplatz oder Hohenzollernplatz | Und heute An der Außenfassade des Wohnhauses gibt es eine Gedenktafel: »Zum Gedenken an die jüdischen Bürger und Bürgerinnen Münchens, die während der Nazi-Zeit in diesem Haus zwangsweise leben mussten, bevor sie deportiert und in Kaunas, Auschwitz und Theresienstadt ermordet wurden oder vor dem Transport den Freitod wählten.«

56_Die Judensiedlung

Die Deportation in die Vernichtungslager

Die »Judensiedlung«, so der Sprachgebrauch der Nazis, war eine auf Initiative der »Arisierungsstelle« des Gauleiters ab März 1941 auf einem 14.000 Quadratmeter großen städtischen Grundstück angelegte Barackensiedlung mit 18 Baracken für 1.100 Internierte in Milbertshofen. Ein zweites Sammellager entstand im Sommer 1941 in Berg am Laim. Zynischer ging es nicht: Etwa 450 aus ihren Wohnungen und Häusern vertriebene Juden im Durchschnittsalter von 55 Jahren, Männer und Frauen, mussten unentgeltlich die Baracken an der Knorrstraße errichten. Zudem musste die jüdische Gemeinde München die Einweisung ihrer Mitglieder in das Getto organisieren, das Lager finanzieren und auch die Leitung stellen. Die »Judensiedlung« war die erste Anlage ihrer Art in Deutschland und wurde von der Münchner Gauleitung als vorbildlich gepriesen.

Kein Insasse durfte das umzäunte Lager verlassen. Zuerst wurden die hierher verschleppten Juden zur schwersten Zwangsarbeit verpflichtet, unter anderem in den umliegenden Unternehmen wie BMW und Knorr-Bremse. Dann begann vom nahen Güterbahnhof Milbertshofen aus die systematische Deportation in die Konzentrations- und Vernichtungslager. Der erste Zug mit 1.000 Menschen verließ Milbertshofen am 20. November 1941. Für immer mehr Juden aus ganz Bayern wurde das Barackenlager zur Durchgangsstation in den Tod, überwiegend ins litauische Kaunas, aber auch nach Auschwitz und Theresienstadt. Jede zur Deportation bestimmte Person hatte den Peinigern 50 Reichsmark an »Reisekosten« zu entrichten. Alle persönlichen Dinge und Wertgegenstände wurden den Menschen durch Gestapo- und Finanzbeamte abgenommen.

Am 19. August 1942 wurde das Lager in der Knorrstraße geschlossen und an BMW verkauft. München war »judenrein«. Was die Firma BMW aber nicht daran hinderte, wenig später in den 18 leer stehenden Holzbaracken neuerlich ein Lager, diesmal für ausländische Zwangsarbeiter, einzurichten.

Ankunft in der »Judensiedlung«

Adresse Knorrstraße 148, Ecke Troppauer Straße, 80937 München (Milbertshofen) | **Anfahrt** U 2, Haltestelle Am Hart | **Und heute** Auf dem Gelände der einstigen »Judensiedlung« befindet sich das Forschungs- und Innovationszentrum von BMW. Das 1982 errichtete Mahnmal »Baum der Erkenntnis« des Bildhauers Robert Lippl erinnert an das Deportationslager, steht aber eher verloren an der U-Bahn-Station Am Hart.

57 Das Jüdische Zentrum

Die neue Synagoge und der »Gang der Erinnerung«

Die 2006 eingeweihte neue Synagoge am Sankt-Jakobs-Platz trägt den Namen der alten zerstörten Synagoge »Ohel Jakob«, übersetzt »Das Zelt Jakobs«. Das Zentrum des neuen jüdischen Lebens in München bildet heute ein lichtdurchfluteter Glaskubus auf einem massiven Sockel aus Travertin-Stein, der für die einen symbolhaft für den Salomon-Tempel in Jerusalem und die Wüstendurchquerung Moses steht, andere an die Klagemauer erinnert.

Neben der Synagoge gehören zum Ensemble des Jüdischen Zentrums noch das Gemeindehaus und das Jüdische Museum, das die Geschichte des Judentums in München zeigt. Und der »Gang der Erinnerung«.

In einem Gang tief unter der Oberfläche des Platzes zwischen neuer Synagoge und dem jüdischen Gemeindehaus wird an den Holocaust und an jeden der 4.500 von den Nazis ermordeten Münchner Juden erinnert. Namentlich in einem begehbaren Denkmal, das die Vergangenheit transparent macht. Wer also die Synagoge besichtigt oder sie zum Gebet besucht und zurück zum Gemeindehaus geht, um ins oberirdische Alltagstreiben zurückzukehren, muss den unterirdischen Gang der Erinnerung passieren. Und damit die Installation des 1967 geborenen, rumänischstämmigen Lichtkünstlers Georg Soanca-Pollak .

Der 32 Meter lange und drei Meter breite Gang der Erinnerung besteht aus einer von hinten hell beleuchteten Wand mit jeweils sechs übereinander montierten Glasplatten. Auf dreien sind mit lichtdurchlässiger Farbe die Namen geschrieben, die, so hinterleuchtet, gegen das Vergessen stehen. Und sie erinnern an die Münchner Bürger, die, nur weil sie Juden waren, willkürlich aus ihrem Leben gerissen, drangsaliert, deportiert und ermordet wurden. Das Licht hinter den Glasplatten bescheint auch die gegenüberliegende Wand des Ganges, auf der der sechs Millionen ermordeten europäischen Juden gedacht wird.

Adresse Sankt-Jakobs-Platz 18, 80331 München (Altstadt) | **Anfahrt** U 3/6, Haltestelle Marienplatz | **Und heute** Die neue Synagoge und das Jüdische Zentrum am Sankt-Jakobs-Platz gehören heute zu den architektonischen Höhepunkten Münchens aus jüngerer Zeit. Die Besichtigung der neuen Synagoge ist nur nach Voranmeldung und im Rahmen von Führungen möglich.

58 Der Justizpalast

Terrorurteile im »Namen des Volkes«

Die bayerische beziehungsweise Münchner Justiz, nach dem Ersten Weltkrieg und mit Entstehen der Weimarer Republik ohnehin hochgradig deutschnational und rechtslastig, spielte eine Schlüsselrolle beim Aufstieg der NSDAP. Mit der »Machtergreifung« der Nazis 1933 wurde durch willkürliche Erlasse und Sondergerichte eine neue NS-Gesetzgebung – zwischen 1933 und 1945 kam es zu 32.000 Todesurteilen – installiert, der sich auch die Staatsanwälte und Richter im Münchner Justizpalast willfährig unterwarfen. Eine Mordmaschine im »Namen des Volkes«.

»Der Volksgerichtshof wird sich stets bemühen, so zu urteilen, wie er glaubt, dass Sie, mein Führer, den Fall selbst beurteilen würden.« So bedankte sich Roland Freisler bei Hitler zwei Monate nach seiner Ernennung zum Präsidenten des Volksgerichtshofes am 15. Oktober 1942. Vier Monate später fanden im Schwurgerichtssaal des Justizpalastes die Prozesse gegen die Mitglieder der Widerstandsgruppe »Weiße Rose« statt. Der Volksgerichtshof, der in erster und letzter Instanz urteilte, machte mit Hans und Sophie Scholl sowie Christoph Probst kurzen Prozess. Am 22. Februar, vier Tage nachdem die Mitglieder der »Weißen Rose« beim Verteilen von Flugblättern im Lichthof der Universität erwischt worden waren, begann der Prozess. Bereits wenige Stunden später wurden die drei Studenten im Gefängnis München-Stadelheim enthauptet. In einem zweiten Prozess am 19. April 1943 wütete Freisler gegen weitere 14 Mitglieder der »Weißen Rose«. Am Abend standen die Todesurteile gegen Willi Graf, Alexander Schmorell und den Universitätsprofessor Kurt Huber fest.

2007 wurde im nahezu vollständig erhaltenen Sitzungssaal 216 (heute 253), in dem das Tribunal stattfand, eine Dauerausstellung zum Gedenken an die Münchner Widerstandsgruppe eröffnet. Neben den Fotos der insgesamt 17 Angeklagten aus beiden Prozessen und Kopien einiger Originaldokumente ist es vor allem der Originalschauplatz, der den Besucher tief berührt.

Adresse Prielmayerstraße 7, 80335 München | **Anfahrt** U 4/5, Tram 16/17/18/27, Haltestelle Karlsplatz (Stachus) | **Und heute** Eine Dauerausstellung erinnert an die Widerstandsgruppe »Weiße Rose«. Eine große Tafel am Beginn der riesigen Eingangshalle mit dem mächtigen Treppenhaus und der imposanten Glaskuppel gedenkt namentlich der entrechteten, verfolgten und ermordeten jüdischen Juristen, die zwischen 1933 und 1945 Opfer ihrer eigenen Kollegen und des Naziterrors wurden.

59 Die JVA Stadelheim

Als der Henker wütete

Eines der größten deutschen Gefängnisse ist die 1894 auf dem Gelände des früheren Landguts Stadelheim in Giesing errichtete Justizvollzugsanstalt. Noch heute ist sie das zentrale Gefängnis der Stadt und steht auch für eines der schrecklichsten Kapitel deutscher Willkürjustiz. In Stadelheim wurden während der NS-Zeit mehr als 1.000 Menschen hingerichtet, die Mehrzahl politisch Verfolgte, die durch die Guillotine oder den Galgen ermordet wurden. Vielfach wurden die Gefangenen direkt von der Gestapo-Zentrale im Wittelsbacher Palais hierhergebracht oder nach willkürlichen Schnellverfahren dem hauptamtlichen Henker von Stadelheim übergeben. Zum Vergleich: In den Jahren bis 1927 wurden in Stadelheim »lediglich« 14 zum Tode verurteilte Gefangene hingerichtet. Die NS-Justiz zwischen 1933 und 1945 legte in der JVA eine nie mehr zu verwischende Blutspur.

Stadelheim war die zentrale Hinrichtungsstätte für die Gerichtsbezirke München, Bamberg, Nürnberg und das »angeschlossene« Österreich. Die Hinrichtungen fanden immer in den frühen Morgenstunden statt, die Morde wurden fein säuberlich protokolliert, die Kosten für »Haftaufenthalt, Hinrichtungsvorgang und Vergütung des Scharfrichters« den Hinterbliebenen der Opfer in Rechnung gestellt. Bestattet wurden die meisten Ermordeten auf dem unmittelbar angrenzenden Friedhof am Perlacher Forst.

Die Mordserie von Stadelheim begann mit der sogenannten Röhm-Affäre. In der Nacht zum 1. Juli 1934 wurde SA-Stabschef Ernst Röhm, der angeblich einen Putsch plante, von Hitler und einigen SS-Männern am Tegernsee verhaftet, nach Stadelheim überstellt und in Zelle 70 erschossen. Das anschließende Massaker an der Führungsriege der SA und weiteren als Staatsfeinde definierten Personen – wie Kurt von Schleicher, dem Amtsvorgänger Hitlers als Reichskanzler – wurde ohne jedes richterliche Urteil auf Anordnung Hitlers, dem nun »Obersten Gerichtsherrn über Leben und Tod«, von SS-Kommandos und der Gestapo verübt.

Adresse Stadelheimer Straße 12, 81549 München (Giesing) | **Anfahrt** U 1, Haltestelle Sankt-Quirin-Platz oder Mangfallplatz; Tram 17, Haltestelle Schwanseestraße | **Und heute** Die JVA Stadelheim ist nach wie vor das zentrale Gefängnis der Stadt. 1974 wurde hier eine kleine Gedenkstätte für die Opfer des nationalsozialistischen Terrors eingerichtet, die der Öffentlichkeit bis 2008 vorenthalten wurde und bis heute so gut wie nicht bekannt ist. Auf einem stilisierten Richtblock liegen aus Bronze gegossen Galgen und Guillotine. Nach Anmeldung zu besichtigen.

60 Der Karolinenplatz 1–4

Parteiorganisationen in besten Lagen

Die NSDAP war fest entschlossen, die Maxvorstadt weiter zum Parteiviertel auszubauen, und zwar in den besten Lagen. Nach 1933 kaufte die Partei für ihre diversen Reichsleitungen nahezu alle Palais und repräsentativen Bauten rund um den Karolinenplatz auf oder nötigte die Altbesitzer zur Veräußerung unter Wert.

Das Anwesen Karolinenplatz 1 wurde 1933 Sitz des »Reichsrechtsamtes«, dessen Chef Hans Frank wurde, ein Nationalsozialist der ersten Stunde und seit 1927 Leiter der Rechtsabteilung der NSDAP. Unter Franks Führung, der 1933/34 bayerischer Justizminister und anschließend sogenannter Reichsjustizkommissar war, wurde die gesamte deutsche Justiz »gleichgeschaltet«. Frank, dem die Universität München die Ehrenbürgerschaft verlieh, wurde 1939 Generalgouverneur im besetzten Polen und gehörte zu den größten Verbrechern der NS-Zeit.

Am Karolinenplatz 2 hatte die 1931 gegründete »NS-Frauenschaft« ihren Sitz, der ab 1933 alle nationalen Frauenverbände unterstellt waren. In der ausschließlich von Männern dominierten NSDAP, deren Frauenbild die »deutsche Frau« auf die Hausfrau und Mutter reduzierte und aus der Politik strikt ausschloss – die Frauenbewegung galt als jüdisch und marxistisch –, stand der »NS-Frauenschaft« und dem »Deutschen Frauenwerk« mit Gertrud Scholtz-Klink die einzige Frau in einer maßgeblichen Position vor. Die »Reichsfrauenführerin«, selbst Mutter von elf Kindern, war Hitlers »Paradefrau«. Zum Muttertag 1944 rief sie die deutschen Frauen kriegsbedingt zu »Geburtshöchstleistungen« auf: »Kinder für den Führer!«

Der Karolinenplatz 3 war die Dienststelle des »Reichsschatzmeisters« der NSDAP, Franz Xaver Schwarz, der die gesamten Parteifinanzen und das Mitgliedschaftswesen der NSDAP kontrollierte. Das Oberste NSDAP-Parteigericht residierte im Haus Karolinenplatz 4. Erster Richter war mit SS-Obergruppenführer Walter Buch der Schwiegervater des Parteikanzleichefs Martin Bormann.

Sitz der NS-Frauenschaft (oben), Sitz des Reichsrechtsamtes (unten)

Adresse Karolinenplatz 1–4, 80333 München (Maxvorstadt) | **Anfahrt** U 2/8, Haltestelle Königsplatz; Tram 27/28, Haltestelle Karolinenplatz | **Und heute** Im Neubau am Karolinenplatz 1 sitzt nun der Sparkassenverband Bayern. Das Gebäude am Karolinenplatz 2 wurde im Krieg zerstört und 1957 wiederaufgebaut. Es beherbergt heute den Bayerischen Bauernverband. In Nummer 3 entstand nach dem Krieg das Amerikahaus. Das Haus Karolinenplatz 4 wurde nach Kriegszerstörungen in alter Form wiederaufgebaut und ist heute Sitz der Deutschen Akademie der Technikwissenschaften.

61 Das Kaufhaus Uhlfelder

Als der Mob von der Leine gelassen wurde

Beim »Uhlfelder« kauften die Münchner gern, das Warenhaus war nach dem der Familie Tietz am Bahnhofsplatz (Hertie) von Angebot und Umsatz her das zweitgrößte der Stadt. Das kleine, 1878 im Rosental vom jüdischen Kaufmann Heinrich Uhlfelder gegründete Haushaltswarengeschäft, in den folgenden Jahrzehnten rasant gewachsen, belegte 1930 im Häuserblock zwischen Oberanger, Rosental und Nieserstraße eine Verkaufsfläche von 7.000 Quadratmetern über drei Stockwerke und hatte rund 500 Beschäftigte. Das Einkaufen beim Uhlfelder galt unter Münchnern als Attraktion. Ein modernes Angebot, attraktive Preise, extravagante Verkaufsshows und eine eigene Gastronomie im Haus zogen die Käufer auch von außerhalb Münchens an. 1931 wartete das Kaufhaus Uhlfelder mit der ersten Rolltreppe der Stadt auf.

Umso größer aber war der Hass deutschnationaler Kreise auf die erfolgreichen Uhlfelders, die seit 1933 immer wieder von den Münchner Behörden und einer marodierenden SA gedemütigt und tyrannisiert wurden. Als der Mob am 9. November 1938 im Zuge der Reichspogromnacht offiziell von der Leine gelassen wurde, gab es kein Halten mehr. SA-Horden fielen über jüdische Geschäfte und Einrichtungen her. Sie verwüsteten und plünderten den Uhlfelder, steckten das Haus in Brand und brachten Max Uhlfelder und seinen Sohn Max ins KZ nach Dachau. Das Vermögen der Uhlfelders wurde beschlagnahmt, das Unternehmen liquidiert, das Grundstück der Löwenbräu AG als Ersatz für die Enteignung des Bürgerbräukellers zugeschlagen, das Inventar des Warenhauses an die Münchner Bevölkerung billigst versteigert oder an Einzelhändler verhökert. Uhlfelder selbst wurde Anfang 1939 aus dem KZ entlassen und konnte in die USA fliehen. 1949 nach München zurückgekehrt, wurde Max Uhlfelder im Wiedergutmachungsverfahren sein 1944 durch Luftangriffe zerstörter Grund zurückgegeben, den er dann der Stadt München verkaufte.

Das am 9./10. November 1938 zerstörte Kaufhaus im Rosental

Adresse Rosental 9 und 16, 80331 München (Altstadt) | **Anfahrt** U 3/6, Haltestelle Marienplatz; Bus 52/62, Haltestelle Marienplatz Süd | **Und heute** An der Stelle des Kaufhauses Uhlfelder steht heute ein Erweiterungsbau des Stadtmuseums. Ein in die unteren Fenster des Museumsbaus integriertes blaues Leuchtband (zum Oberanger hin) und eine eher versteckt angebrachte Tafel an der Fassade weisen auf das ehemalige Warenhaus hin.

62 Der Königsplatz

NS-Aufmärsche und rituale Huldigungen

Der Königsplatz hatte es den Nazis und vor allem Hitler selbst immer angetan. Das noble Areal entlang der Brienner Straße mit seinen prachtvollen Stadtpalais und den symbolträchtigen Prunkbauten der Wittelsbacher sollte die großbürgerliche Kulisse der politischen Emporkömmlinge werden. Der Kauf des klassizistischen Barlow-Palais und dessen bauliche Umgestaltung zum »Braunen Haus« und damit zur neuen Parteizentrale zwischen Karolinen- und Königsplatz gaben bereits 1925 einen Vorgeschmack auf das, was kommen sollte. Seither zogen pöbelnde und randalierende SA-Horden durch die schicke Maxvorstadt, die nach 1933 zum »Parteistadtviertel« ausgebaut wurde.

Königsplatz und Teile der Maxvorstadt wurden baulich radikal umgestaltet, alte Palais »arisiert« und enteignet, abgerissen und mit neuen, neoklassizistischen Bauten versehen. Im Zentrum standen dabei der »Führerbau«, der »Verwaltungsbau« und die beiden »Ehrentempel« für die »Märtyrer« des 9. November, des Tages des gescheiterten Hitlerputsches von 1923, gebaut nach Plänen des Architekten Paul Ludwig Troost, den Hitler bei seinen Gönnern, der Familie Bruckmann, kennengelernt hatte. Troost, dessen neoklassizistischer Baustil Maßstab für die nationalsozialistischen Staats- und Parteibauten werden sollte, hatte auch schon das »Braune Haus« umgebaut.

Der Architekt gestaltete den pompösen Königsplatz im Sinne der nationalsozialistischen Propaganda und Selbstdarstellung als Aufmarschplatz für Massenveranstaltungen, als Kulisse eines pseudoreligiösen Totenkults der Nazis, als »Weihestätte«, die den Machtanspruch der neuen Herrscher manifestieren sollte. Die Rasenfläche wurde ersetzt durch 20.000 Granitplatten. Mächtige Lichtsäulen illuminierten den Platz, flankiert von Reihen gewaltiger Fahnenmasten mit wehenden Hakenkreuzfahnen. Der Königsplatz wurde zum »Forum der Partei«.

Der Königsplatz in München während der Feier zum 9. November 1936

Adresse Königsplatz, 80333 München (Maxvorstadt) | **Anfahrt** U 2, Haltestelle Königsplatz; Tram 27, Haltestelle Karolinenplatz | **Und heute** Der Königsplatz wurde 1987/88 nach zahlreichen Debatten wieder in den ursprünglichen Zustand zurückgebaut, die Granitplatten entfernt, der Platz begrünt.

63 Die Krauss-Maffei-Werke

Lokomotiven und Panzer für den Angriffskrieg

Im Münchner Norden lagen einige der größten Rüstungsfabriken des faschistischen Deutschlands. Neben Flugzeugen und Flugmotoren wurden hier vor allem Panzer und Lokomotiven gefertigt. Die 1838 gegründete erste Münchner Lokomotivenfabrik Maffei & Co. wurde 1930 von der Waffenschmiede Krauss & Co. übernommen und firmierte seit 1931 unter Krauss-Maffei AG. Unmittelbar nach der Fusion begann die Produktion militärischer Großgeräte. Mit Beginn des Zweiten Weltkriegs und dem Überfall auf Polen am 1. September 1939 wurde Krauss-Maffei zu einem der größten Panzerproduzenten des Naziregimes. Zwischen 1933 und 1935 wurde mit Hilfe des Großaktionärs Deutsche Bank für das fusionierte Unternehmen in Allach ein riesiges Werk errichtet, in dem massenhaft Lokomotiven für den Kriegs- und Fronteinsatz, vor allem aber Tausende Kettenfahrzeuge für den Transport von Artilleriegeschützen und geländegängigen Panzern gebaut wurden.

Immer neue Kriegsgefangene wurden im Münchner Nordwesten konzentriert und in die Fabrikanlagen geschickt. Nach zwölfstündigen Arbeitstagen ging es zurück in die streng bewachten, menschenunwürdigen Lager, wo sie bei katastrophaler Ernährung und unter miserabelsten hygienischen Bedingungen hausen mussten. Menschen brachen unter der Arbeitslast zusammen, wurden erschlagen, starben und wurden wieder aufgestockt durch ein Heer weiterer Zwangsarbeiter. Von den knapp 10.000 Arbeitern der Stammbelegschaft waren weit über die Hälfte Kriegsgefangene und ausländische Zwangsarbeiter. Ein System der Ausbeutung, das den Eignern des »NS-Musterbetriebs« hohe Profitraten und durch kriegsbedingte Entwicklungen und Patente einen Ingenieursvorsprung bescherte, der sie nach dem Krieg und der Wiederbewaffnung fast nahtlos an die Terrorzeiten anknüpfen ließ. 1999 fusionierte Krauss-Maffei mit der Kasseler Rüstungsschmiede Wegmann & Co. zur Krauss-Maffei Wegmann GmbH (KMW) mit Sitz in Allach.

Betriebsbesichtigung durch Gauleiter Adolf Wagner am 14. November 1938

Adresse Krauss-Maffei-Straße 2, 80997 München (Allach) | **Anfahrt** S 2, Haltestelle Allach; Bus 163, Haltestelle Krauss-Maffei-Straße Ost | **Und heute** Die KMW ist heute wieder der größte deutsche Rüstungsproduzent und Kriegswaffenlieferant und mit seinem Kampfpanzer »Leopard« drittgrößter Panzerhersteller der Welt. Bis heute hat sich die KMW, bei der immer noch die alten Besitzerfamilien großen Einfluss haben, nicht ernsthaft mit ihrer NS-Vergangenheit auseinandergesetzt.

64 Die Kriegsmale

»Wunden der Erinnerung«

Der NS-Staat und der Zweite Weltkrieg haben München topografisch stark verändert und nachhaltig geprägt. Und dennoch gibt es kaum noch sichtbare Spuren des Zweiten Weltkriegs. Kaum Baulücken und freie Flächen, keine Brandmauern oder irgendwelche Trümmerruinen. Höchstens einige verwaiste Bunker geben Hinweis auf Bombardements und Verwüstung. Aber es gibt sie noch, die Spuren der Befreiung Münchens. Und die hatten in den Jahren 1993 bis 1995 die beiden Absolventen der Münchner Akademie der Bildenden Künste, Beate Passow und Andreas von Weizsäcker, anlässlich des 50-jährigen Kriegsendes in Form einer Kunstaktion sichtbar gemacht. Sie markierten drei »Wunden der Erinnerung« im Münchner Stadtbild, eine Aktion, aus der schließlich ein europaweites Projekt in sieben Ländern wurde. Das Zeigen alltäglicher Spuren des Zweiten Weltkriegs im ansonsten optisch so geglätteten München.

In der Stadt gibt es drei Objekte, bei denen die Künstler quadratische Plexiglasscheiben vor die Kriegsnarben montierten mit dem eingelassenen Schriftzug »Wunden der Erinnerung«. Ihr Ziel: die Einschusslöcher als Verletzungen sichtbar zu lassen, sie nicht zumauern, glätten oder übertünchen zu lassen. Da sind die Einschusslöcher wie durch eine Lupe zu betrachten, an der roten Ziegelfassade des Universitätsgebäudes an der Schellingstraße, Ecke Ludwigstraße. Oder an einer Säule am Haus der Kunst, an der Terrasse zum Englischen Garten hin. Der markanteste Ort dieses Kunstprojekts aber dürfte der Mann sein, der ein Pferd an einer Leine führt – an der Westseite der Alten Pinakothek gegenüber der Technischen Universität. Die mächtige Bronzeskulptur »Der Rosselenker« des Bildhauers Hermann Hahn ist mit Einschusslöchern aus dem Zweiten Weltkrieg durchsiebt. Kriegsnarben, die heute nicht mehr wahrgenommen würden, nun aber durch künstlerische Überhöhung vor dem Vergessen bewahrt werden.

Adresse Schellingstraße, Ecke Ludwigstraße, 80539 München (Maxvorstadt); Arcisstraße (gegenüber der TU), 80333 München (Maxvorstadt); Haus der Kunst, Prinzregentenstraße 1, 80538 München (Lehel) | **Anfahrt** Universität: U 3/6, Haltestelle Universität; »Rosselenker«: U 2/8, Haltestelle Theresienstraße; Bus 100/150, Haltestelle Pinakotheken; Haus der Kunst: U 3/4/5/6, Haltestelle Odeonsplatz | **Und heute** Wer sich die Mühe macht, den »Verwaltungsbau« der Nazis von der Rückseite zu inspizieren, sieht auch hier intensive Spuren des Krieges.

65 Der Kunstverlag

Hitlers Sprung in die Münchner Oberschicht

Ernst Hanfstaengl, genannt »Putzi«, war der Sohn des renommierten Münchner Verlegers und Kunsthändlers Edgar Hanfstaengl und hatte in Harvard in den USA studiert, wo er in New York zwischenzeitlich auch die amerikanische Niederlassung des elterlichen Verlages leitete. Als er 1922 an einer Parteiveranstaltung der NSDAP im Münchner Bürgerbräukeller teilnahm und Hitler sprechen und agitieren hörte, war er wie elektrisiert. Diesen Mann mit der Fähigkeit, die Massen zu begeistern und mitzureißen, musste er kennenlernen und zu seinem Freund machen.

Hanfstaengl trat in die NSDAP ein, suchte die Nähe Hitlers und seiner Entourage, wurde zu einem seiner maßgeblichen finanziellen Unterstützer in den 1920er Jahren. Vor allem aber ebnete er Hitler den Weg in die gehobene Münchner Gesellschaft, öffnete ihm Türen zu Industrie und Bildungsbürgertum und damit neue Finanzquellen. Aber auch der Kunstverlag profitierte von der Verbindung, erhielt von der NSDAP zahlreiche lukrative Bild- und Druckaufträge.

Wie eng das Verhältnis Hitlers zu den Hanfstaengls war, wurde besonders deutlich nach dem gescheiterten Putsch vom 9. November 1923, an dem auch Ernst Hanfstaengl teilnahm. Als Hitler infolge der Schießerei an der Feldherrnhalle und dem Ende des Putsches verhaftet werden sollte, floh er nach Uffing am Staffelsee in das Landhaus der Hanfstaengls, wo er am 11. November 1923 von der bayerischen Polizei verhaftet wurde. Die Hanfstaengls waren es auch, die es der NSDAP finanziell ermöglichten, den »Völkischen Beobachter« auf einer neuen Rotationsmaschine für den großformatigen Druck aus den USA zu drucken, der jetzt die offizielle Parteizeitung der NSDAP wurde. Hanfstaengl machte auch in der NSDAP Karriere. Hitler ernannte ihn wegen seiner Sprachkenntnisse und guten Auslandskontakte 1931 zu deren Auslands-Pressechef.

Ernst Hanfstaengl mit Adolf Hitler im Münchner Hofgarten 1930

Adresse Widenmayerstraße 18, 80538 München (Lehel) | **Anfahrt** Bus 94/100, Haltestelle Reitmorstraße/Sammlung Schack | **Und heute** Der gleichnamige Kunstverlag wurde ab 1958 von Ernst Hanfstaengls Sohn Egon, einem Patenkind Adolf Hitlers, geführt und 1980 aufgelöst. Heute ist der ehemalige Firmensitz in der Widenmayerstraße 18 ein Geschäftshaus mit zahlreichen Anwaltskanzleien und Produktionsfirmen.

66__Das KZ-Außenlager

Das Terrorregiment des Auto- und Flugmotorenbauers

Alles wirkte so friedlich in der verschlafenen Siedlung Ludwigsfeld im Nordwesten Münchens östlich der Dachauer Straße in Allach. Selten verirrte sich mal ein Fremder hierhin, wenn da nicht ständig die Bagger gewesen wären, die den Boden nahe der letzten Häuserzeile an der Granatstraße durchpflügten. Hier sollte nach getaner Baggerarbeit Baugrund ausgewiesen, die Siedlung erweitert werden. Aber bis in den Herbst 2017 hinein suchten die Baukommandos nach etwas anderem, auch nach einem Stück finsterster deutscher Vergangenheit. Denn es durfte nicht neu gebaut werden, solange nicht zweifelsfrei feststand, dass sich hier im Boden kein Massengrab befand, so wie es die Historiker und Archäologen vermuteten. Indizien gab es genug, Knochenfunde, menschliche. Da stießen in den vergangenen Jahren spielende Kinder schon mal auf menschliche Schädel. Der Investor musste warten. Man fand schließlich zahlreiche Skelette, aber kein Massengrab.

Der Bund hatte 1952 die Siedlung Ludwigsfeld auf das Gelände eines ehemaligen KZ-Außenlagers gebaut. Die BMW-Werke benötigten für die Kriegsproduktion immer mehr Arbeitskräfte und rekrutierten neben Kriegsgefangenen und Zwangsarbeitern auch KZ-Häftlinge aus Dachau, für die sie 1943 das »Firmen-KZ« errichten ließen. 60 Baracken für Tausende Häftlinge des nahen Konzentrationslagers Dachau, ausgelagert, von einem SS-Totenkopf-Kommando streng bewacht. Im BMW-Flugmotoren-Werk auf der anderen Seite der Dachauer Straße mussten sie zwölf Stunden täglich schuften, bevor sie sich wieder, flankiert von SS-Männern und bissigen Hunden, in ihre Behausungen schleppen durften. Mit dem Notwendigsten bedacht, sodass sie gerade überleben konnten. Eine Tyrannei mit immer mehr Toten. Zeitweilig waren auf dem riesigen Lagergelände bis zu 20.000 Häftlinge untergebracht. Die US-Armee konnte 1945 einige tausend Häftlinge aus der Hölle des »Lagers Ludwigsfeld« befreien.

KZ-Häftlinge in Dachau

Adresse Granatstraße 8, 80995 München (Allach) | **Anfahrt** vom S-Bahnhof Moosach: Bus 176/710, Haltestelle Kristallstraße; vom S-Bahnhof Feldmoching: Bus 172, Haltestelle Siedlung Ludwigsfeld; mit dem Auto: die Dachauer Straße stadtauswärts, den Rangierbahnhof Nord und die A 99 überqueren, dann rechts ab in die Kristallstraße | **Und heute** Es ist kaum zu glauben: Die letzte, jetzt unter Denkmalschutz stehende Baracke des KZ-Außenlagers, mit einer außen angebrachten Gedenktafel, wird seit Jahren als Umkleidekabine und Vereinsheim des 1958 gegründeten TSV Ludwigsfeld genutzt.

67 Der Landtag

Die »Machtergreifung« der NSDAP in Bayern

Am 9. März 1933 wurden die Länder des Deutschen Reiches gleichgeschaltet. Drei Wochen später hob sich der Landtag mit der bayerischen Variante des sogenannten »Ermächtigungsgesetzes«, dem »Gesetz zur Behebung der Not des bayerischen Volkes und Staates«, selbst auf. »Legal«, mit der absoluten Mehrheit der Stimmen von NSDAP und BVP, bei den wenigen Gegenstimmen der verbliebenen Sozialdemokraten, die, wie die KPD-Abgeordneten, noch nicht in »Schutzhaft« saßen. In das Landtagsgebäude an der Prannerstraße zog die Gauleitung der NSDAP für München und Oberbayern ein.

Am 7. November 1918 hatte der demokratische Sozialist und Pazifist Kurt Eisner nach dem Ende der Monarchie den »Freistaat Bayern« ausgerufen. Ohne einen Gewehrschuss war die Revolution mit einer gewaltigen Kundgebung vor rund 100.000 Menschen auf der Theresienwiese verkündet worden. Unter Eisners Vorsitz bildete sich im Landtag in der Prannerstraße, in dem seit 1819 das bayerische Parlament, eine Art Ständeversammlung während des Königreichs Bayern, getagt hatte, ein Arbeiter- und Soldatenrat. Einen Tag später wählte ihn der Nationalrat zum ersten bayerischen Ministerpräsidenten einer Regierung aus SPD und USPD. Sein Ziel: ein sozialistisches Bayern, pazifistisch und frei. Das zog den Hass des Klerus und der politischen Rechten auf ihn.

Auf dem Weg zur Eröffnung des ersten legitimierten Landtags in der Geschichte Bayerns am 21. Februar lauerte ihm ein rechtsradikaler, antisemitischer Student auf, der Eisner nahe dem Bayerischen Hof auf offener Straße erschoss. Das Motiv: »Hass auf Juden und Bolschewisten«. Nach Eisners Tod – 100.000 Menschen geleiteten den Trauerzug von der Theresienwiese zum Ostfriedhof – gerieten die Ereignisse außer Kontrolle. Im April 1919 rief der »revolutionäre Arbeiterrat« die »Münchner Räterepublik« aus, die aber Anfang Mai durch rechtsradikale Freikorps und Armeeverbände blutig niedergeschlagen wurde.

Erste Landtagseröffnung nach der Machtergreifung in Bayern am 28. April 1933

Adresse Prannerstraße 8, 80333 München (Altstadt) | **Anfahrt** U 3/4/5/6, Haltestelle Odeonsplatz; U 4/5, Haltestelle Karlsplatz (Stachus); Tram 19, Haltestelle Lenbachplatz | **Und heute** Das Gebäude in der Prannerstraße 8 (damals 16–23) wurde 1944 bei einem Bombenangriff völlig zerstört. Heute steht dort ein Bürohaus. Der Bayerische Landtag befindet sich seit 1949 im Maximilianeum.

68 Der Lichthof

Als die Geschwister Scholl verhaftet wurden

Wenn man im Lichthof der Universität steht und sich einen Moment lang die Geschichte des studentischen Widerstands gegen den Naziterror ins Gedächtnis ruft, sieht man imaginär die Flugblätter über die Brüstung des obersten Ranges auf einen herniederfliegen, so wie es am Nachmittag des 18. Februar 1943 geschah. Und man ahnt den Schrecken von Hans und Sophie Scholl, als der Hausmeister, ein SA-Mann, die schon lange gesuchten Drahtzieher der Widerstandsgruppe »Weiße Rose« entdeckte. Und dessen Triumph, als er sie zu fassen bekam und wenig später der Gestapo im Wittelsbacher Palais übergab.

Von Juni 1942 bis zum Februar 1943 hatten die jungen Studenten, die sich um den Freundeskreis von Hans Scholl und Alexander Schmorell zusammengefunden hatten, unter ständiger Lebensgefahr mit immer neuen Flugblättern und Fassadensprüchen zum Widerstand gegen den Nationalsozialismus, gegen Krieg und Terror aufgerufen. Die Gruppe traf sich immer wieder konspirativ im Atelier des Architekten Manfred Eickemeyer in der Leopoldstraße 38a, da, wo heute der »Walking Man« steht. Inspirierende Freunde der Gruppe waren der Philosoph Kurt Huber und der Religionswissenschaftler Theodor Haecker, dessen Diktion sich auch in den Texten der Flugblätter niederschlug, die im Kellerraum des Ateliers hergestellt wurden.

Bereits vier Tage nach der Verhaftung im Lichthof der Universität wurden nach kurzem Prozess durch den aus Berlin angereisten Präsidenten des Volksgerichtshofs Roland Freisler im Münchner Justizpalast die Todesurteile gesprochen. Sophie und Hans Scholl sowie ihr Freund Christoph Probst wurden in Stadelheim noch am selben Tag durch die Guillotine enthauptet. Nach einem zweiten Prozess wurden die Studenten Alexander Schmorell und Willi Graf sowie der Universitätsprofessor Kurt Huber ermordet. Erst 1997 wurde im Lichthof eine »DenkStätte Weiße Rose« eingerichtet.

Adresse Geschwister-Scholl-Platz 1, 80539 München | Anfahrt U 3/6, Haltestelle Universität | Und heute Im Hauptgebäude der Uni erinnern eine steinerne weiße Rose und ein Relief mit den Bildern und Namen aller Mitglieder an die »Weiße Rose«. Im Lichthof steht seit 2007 eine bronzene Sophie-Scholl-Büste. Vor dem Haupteingang gibt es seit 2005 eine in das Pflaster eingelassene steinerne Bodenskulptur, die die Flugblätter zeigt. Nach Sophie Scholl, Willi Graf und Kurt Huber sind Münchner Schulen benannt.

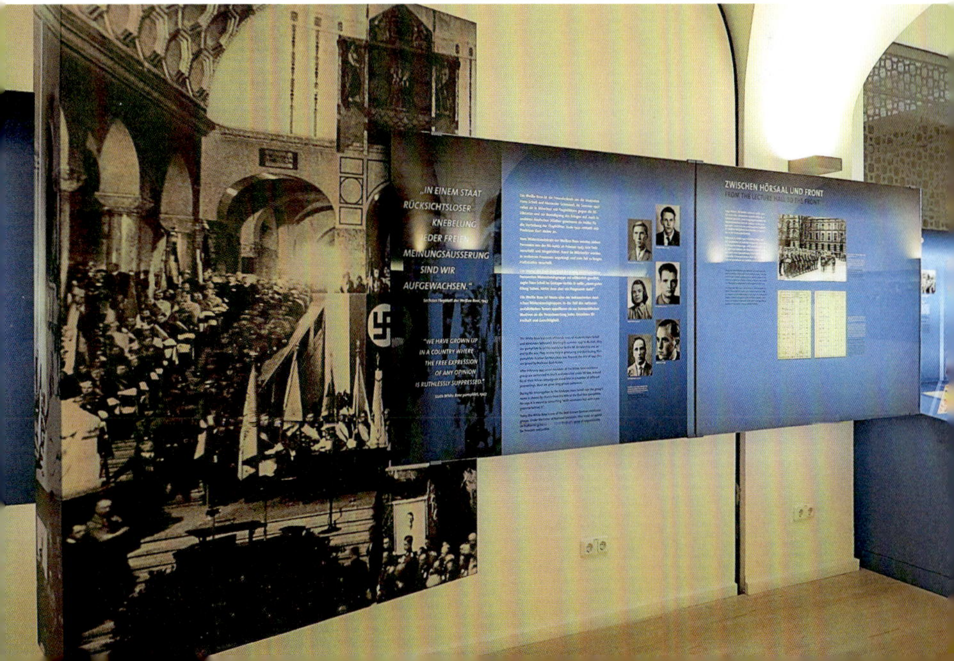

69 Der Lodenfrey

Uniformen für die Wehrmacht und die Waffen-SS

Deutscher geht kaum: Trachtenjanker und Loden. Das Synonym für Letzteres hieß in München immer schon »Frey«. Und eine besonders hohe Konjunktur erlebte das 1842 gegründete Textilunternehmen Frey, zu dem neben dem Geschäft in der Innenstadt auch die seit 1870 produzierende Fabrik im Englischen Garten zählte, in den Jahren 1933 bis 1945. Die Nazi-Zeit bedeutete für die Freys – Firmenchef Georg Frey war seit 1933 Mitglied der NSDAP und der SS – Hochkonjunktur. Uniformen für die Hitlerjugend, die SA und SS, die Ausstattung der Wehrmacht und des Reichsarbeitsdienstes mit Armeemänteln, vor allem aus strapazierfähigem Loden, Hakenkreuzfahnen und andere Accessoires der Faschisten bescherten der Familie hohe Renditen. Lodenfrey pries seine »Kleiderkammer für den braunen Soldaten, für Hitler-Jungens und Hitler-Mädels« und bewarb »SA- und SS-Uniformen aus unserer Maßabteilung«.

1934 entstanden ein neues sechsgeschossiges Fabrikationsgebäude in der Osterwaldstraße zur Lodenproduktion aus Schafswolle – ein Wandrelief zeigt einen Schafskopf mit Schere und Bügeleisen – und eine Kantine, 1937 ein Schwimmbad. 1942 kam südlich der Produktionsgebäude ein einstöckiger Erweiterungsbau hinzu, in dem ab 1944 ein Außenlager des KZ Dachau eingerichtet war, um stets etwa 30 KZ-Häftlinge zur Zwangsarbeit in der Lodenfrey-Fabrik zur Verfügung zu haben.

Aber die Freys waren auch Profiteure der »Arisierung«. Gerade in der Textilbranche, in der es zahlreiche alteingesessene jüdische Familienunternehmen gab, nutzte man die von den Nazis ausgerufene »Entjudung der Wirtschaft«, um die ungeliebte Konkurrenz zu eliminieren. Über Stroh- und Mittelsmänner gelangten die Freys günstig an das traditionsreiche jüdische Bekleidungskaufhaus Heinrich Cohen mit seinen Anwesen in der nahen Löwengrube 23 und in der Windenmacherstraße 4 und erweiterten so ihr ohnehin schon präsentes Verkaufshaus in der Innenstadt zur ersten Adresse.

Anzeigenwerbung für SA und SS-Uniformen 1933

Adresse Fabrik: Osterwaldstraße 10, 80805 München (Schwabing); Geschäft: Maffeistraße 7, 80333 München (Altstadt) | Anfahrt Fabrik: U 3/6, Haltestelle Dietlindenstraße; Geschäft: U 3/6, Haltestelle Marienplatz | Und heute In den 1990er Jahren wurde die Fabrik der Firma Lodenfrey in der Osterwaldstraße in einen Gewerbepark mit Dutzenden Firmen umgewandelt. Das Geschäft in der Innenstadt ist auch heute noch die Nummer eins in Sachen Loden. Mit seiner Nazi-Vergangenheit hat sich das Unternehmen nie ernsthaft befasst.

70 Das Luftgaukommando

Der Kirchenbaumeister auf Abwegen

Kirchenbau war das Metier des 1874 in Nürnberg geborenen Architekten German Bestelmeyer, der nach seinem Tod 1942 auf ausdrücklichen Befehl Hitlers ein Staatsbegräbnis in Hitlers Beisein erhielt. Seit 1924 Präsident der Bayerischen Akademie der Bildenden Künste, konservativ, antimodernistisch und Mitglied im völkischen und antisemitischen »Kampfbund für deutsche Kultur«, trat Bestelmeyer 1933 in die NSDAP ein und avancierte zum »Reichskultursenator«. Aber er baute während der Nazi-Zeit nicht nur Kirchen, wie die 1936 entstandene Stephanuskirche in Nymphenburg, sondern auch maßgebliche repräsentative Nazibauten. Mit dem monumentalen Komplex des Luftgaukommandos VII in der Prinzregentenstraße zwischen Wagmüllerstraße und Oettingenstraße, von Reichsluftfahrtminister Hermann Göring in Auftrag gegeben, entstand 1937/38 die Kommandozentrale der Luftwaffe. Von hier aus wurden die wieder erstarkte süddeutsche Luftkriegsindustrie und schließlich der Luftkrieg des Zweiten Weltkriegs organisiert.

Das Eingangsportal des 225 Meter langen, von der Straße zurückgesetzten dreigeschossigen Zentralbaus wird von zwei bis heute unverändert gebliebenen, die Luftwaffe symbolisierenden Adlern gerahmt. Begrenzt ist das wuchtige Gebäude, das allein zur Prinzregentenstraße hin 360 Fenster hat, durch einen fünfstöckigen Turm und einen weiteren, viergeschossigen Seitentrakt sowie Quertrakte auf der Rückseite, für die 1937 zahlreiche Bürgerhäuser abgerissen worden waren.

Bestelmeyer legte Wert darauf, dass das Luftgaukommando VII mit dem gegenüberliegenden Bayerischen Nationalmuseum korrespondierte. Schließlich zeichnete der Architekt, auf dessen Initiative hin Adolf Hitler 1938 die Ehrenmedaille in Gold der Münchner Akademie der Bildenden Künste für seine »Verdienste um die deutsche Kunst« verliehen wurde, auch verantwortlich für das 1937 errichtete »Neue Studiengebäude« als Museumsanbau an der Ecke Oettingenstraße.

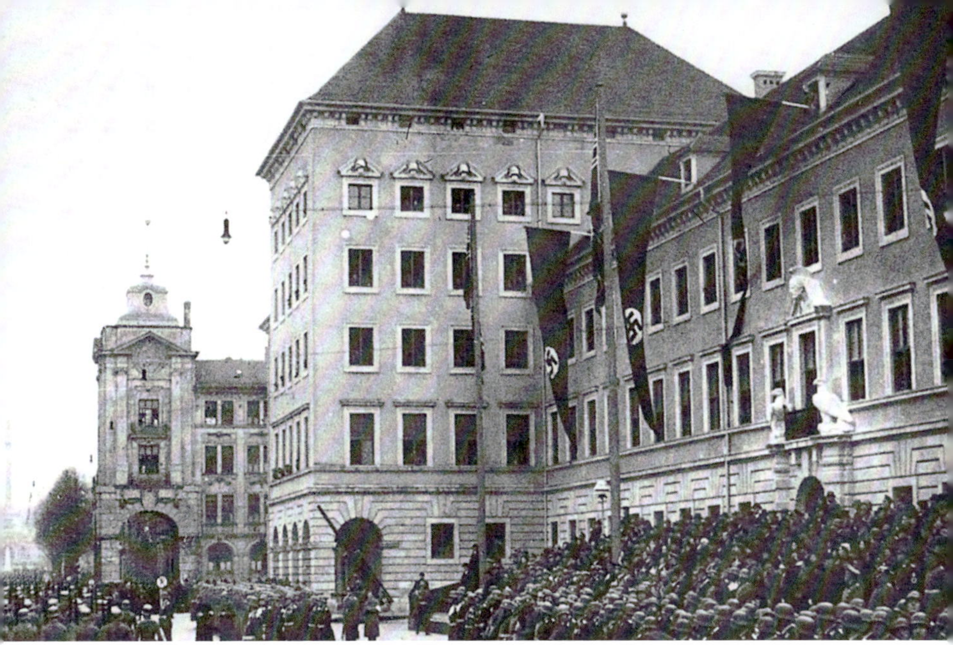

Richtfest zum Neubau des Luftgaukommandos am 12. Mai 1937

Adresse Prinzregentenstraße 24–28, 80538 München (Lehel) | **Anfahrt** Bus 100, Haltestelle Nationalmuseum/Haus der Kunst | **Und heute** In dem im Krieg unzerstört gebliebenen Gebäudekomplex residiert seit 1946 das Bayerische Wirtschaftsministerium, heute das Bayerische Staatsministerium für Wirtschaft und Medien, Energie und Technologie. Nazi-Embleme zieren noch heute das Gebäude: Beton-Stahlhelme als Fenstersimse über der obersten Fensterreihe oder Hakenkreuze in Fenstergittern an der Einfahrt Oettingenstraße.

71 Die Luftnachrichtenkaserne

Der Versuch zu retten, was nicht mehr zu retten war

April 1945. Der Krieg war verloren. Die Amerikaner rückten auf München vor. Aber noch war die Stadt in der Hand der NS-Führung und Gauleiter und Reichsverteidigungskommissar Paul Giesler fest entschlossen, München bis zum »letzten Atemzug« zu verteidigen und alle Brücken und sämtliche Versorgungsanlagen sprengen zu lassen. Alles war dafür vorbereitet. Da entschloss sich eine Gruppe um Hauptmann Rupprecht Gerngross, den Chef der Dolmetscherkompanie in der Luftnachrichtenkaserne im Münchner Norden, zum Widerstand. Die Männer, allesamt aus dem konservativen Milieu, nannten sich »Freiheitsaktion Bayern« und planten mit den ihnen unterstellten Soldaten die Absetzung der politischen und militärischen Führung in München und Oberbayern, um die Stadt kampflos den Amerikanern zu übergeben. Der zur Gruppe gehörende Major Günther Caracciola-Delbrück, Verbindungsoffizier der Wehrmacht und Vertrauter des NS-Reichsstatthalters Ritter von Epp, konnte diesen dazu überreden, den Amerikanern die Kapitulation anzubieten.

400 Soldaten standen bereit, um Paul Giesler im Zentralministerium zu verhaften. Sie besetzten in der Nacht zum 28. April 1945 die Rundfunksender in Freimann und Erding. Rupprecht Gerngross erklärte über den Rundfunk die Führung in München und Bayern für abgesetzt, rief die Soldaten auf, die Waffen niederzulegen, und verlangte die »Beseitigung des Militarismus«. Da sprang Ritter von Epp, Berufsoffizier und »Alter Kämpfer« der NSDAP, ab. Giesler und eine SS-Einheit nahmen am 29. April blutige Rache. Major Caracciola-Delbrück und andere Mitglieder der »Freiheitsaktion Bayern« wurden im »Zentralministerium« in der Ludwigstraße, dem heutigen Bayerischen Landwirtschaftsministerium, standrechtlich erschossen, rund 50 weitere Personen aus dem Umfeld der Gruppe durch die SS ermordet. Dann setzten sich Giesler und seine Getreuen ab. München konnte am 30. April 1945 von den Amerikanern weitgehend kampflos befreit werden.

Rupprecht Gerngross am Mikrofon des Reichssenders München

Adresse Saarstraße 14, 80797 München (Milbertshofen) | **Anfahrt** Tram 27, Haltestelle Herzogstraße; Bus 59, Haltestelle Ackermannbogen | **Und heute** Auf dem Gelände der ehemaligen Luftnachrichtenkaserne stehen heute Wohnhäuser. 1947 wurde der frühere Feilitzschplatz in Gedenken an die »Freiheitsaktion Bayern« in »Münchner Freiheit« umbenannt.

72 Der Luitpoldhügel

Kriegstrümmer unter Münchens grünen Inseln

Als der bayerische Prinzregent Luitpold 1911 seinen 90. Geburtstag feierte, bekam er von der Stadt München ein ganz besonders nachhaltiges Geburtstagsgeschenk. Ihm zu Ehren wurde am damals noch nördlichen Stadtrand der rasant wachsenden Metropole ein 33 Hektar großer Park angelegt, der seinen Namen tragen sollte. Und an dessen südlichem Eingang wurde, zentral gelegen, ein 17 Meter hoher Obelisk aus fränkischem Muschelkalk errichtet, umgeben von 90 Linden und 25 Eichen, die das Lebensalter des Prinzregenten und die Jahre seiner Regentschaft symbolisierten. Sie stellen heute noch den Kern des Parks dar. Aber seit den 1950er Jahren hat sich der Park verändert. Im Nordteil wurde ein 37 Meter hoher Berg aufgeschüttet, kriegsbedingt, aus den Trümmern der durch Bomben maßgeblich zerstörten Häuser Münchens. Auf dem höchsten Punkt des »Kleinen Schuttberges«, einer beliebten Aussichtsplattform mit Blick über die Stadt, steht ein Bronzekreuz mit der Aufschrift: »Betet und gedenket all der unter den Bergen von Trümmern Verstorbenen«.

Kriegstrümmer als Folge Zehntausender Sprengstoff- und Brandbomben, die auf München niedergingen, verbergen sich auch unter dem üppig grünen, knapp 60 Meter hohen Olympiaberg. Die nicht als Baumaterial verwendeten Trümmer wurden zum »Großen Schuttberg« im Olympiapark aufgeschüttet. Am Rande des Hügels steht eine der ungewöhnlichsten Plastiken der Stadt. Über sechs Meter hoch ragt die vom Bildhauer Rudolf Belling modellierte Bronzeplastik »Schuttblume«, die sich als aus den Trümmern wachsendes Friedensdenkmal versteht und anlässlich der Olympischen Spiele 1972 installiert wurde.

Ein weiterer zur grünen Parklandschaft umfunktionierter Trümmerhügel findet sich am linken Isarhochufer in Sendling. Auf der Höhe des Neuhofener Bergs erinnert eine Bodenplatte an die Opfer des Luftkrieges.

Bombardiertes München

Adresse Luitpoldpark, 80804 München (Schwabing) | **Anfahrt** U 2/3, Bus 144, Tram 12, Haltestelle Scheidplatz; U 3/6, Haltestelle Petuelring | **Und heute** Es lohnt ein Aufstieg auf den 37 Meter hohen Luitpoldhügel und ein Blick auf das 1958 errichtete Gipfelkreuz. Auch auf dem Olympiaberg gibt es ein Gedenkkreuz. Inzwischen haben sich die Trümmerberge landschaftsarchitektonisch in die Topografie der Stadt eingepasst.

73 Die Mann-Villa

Das Domizil des Schriftstellers wird zum »Lebensborn«

Das herrschaftliche Stadtpalais in der Poschingerstraße mit seinem geräumigen Entree war immer ein offenes Haus. Schriftsteller und Musiker gingen ein und aus, Hermann Hesse, Hugo von Hofmannsthal, Frank Wedekind und Gustav Mahler. Hier erhielt Thomas Mann am 12. November 1929 die Nachricht von der Verleihung des Literaturnobelpreises für den Welterfolg der »Buddenbrooks«.

Thomas Mann und seine Familie wohnten im Jahr 1933 bereits seit 20 Jahren in der Villa im Bogenhausener Herzogpark, die sie selbst hatten bauen lassen. Der Schriftsteller stand den Nazis schon früh skeptisch und ablehnend gegenüber. Sein Berliner »Appell an die Vernunft« vom 17. Oktober 1930, der als »Deutsche Ansprache« vor allem im Ausland auf große Resonanz stieß, wies ihn als kompromisslosen Gegner des Nationalsozialismus aus. Wenige Tage nach der »Machtergreifung« Hitlers kam er von einer Vortragsreise nicht zurück und ging mit seiner Frau Katia, einer Tochter des großbürgerlichen Kunsthändlers Pringsheim, ins schweizerische Exil.

Die Villa und das Vermögen des Schriftstellers wurden von der Bayerischen Politischen Polizei beschlagnahmt, 1936 erfolgte der Entzug der Staatsbürgerschaft. Der deutsche Gesandte in der Schweiz, Ernst von Weizsäcker, Vater des späteren Bundespräsidenten, befürwortete gegenüber dem Auswärtigen Amt die Ausbürgerung, wegen »feindlicher Propaganda gegen das Reich«. Die Uni Bonn entzog dem international renommierten Schriftsteller die Ehrendoktorwürde.

In die Villa der Familie Mann zog schließlich die Zentrale der SS-eigenen staatlich geförderten Organisation »Lebensborn e. V.« ein. Dieser dem Reichsführer-SS Heinrich Himmler unmittelbar unterstellte, im Dezember 1935 gegründete Verein war darauf ausgerichtet, »dem Führer Kinder zu schenken« und nach »rassehygienischen« Ansprüchen die Geburtenziffer »arischer« Kinder zu steigern.

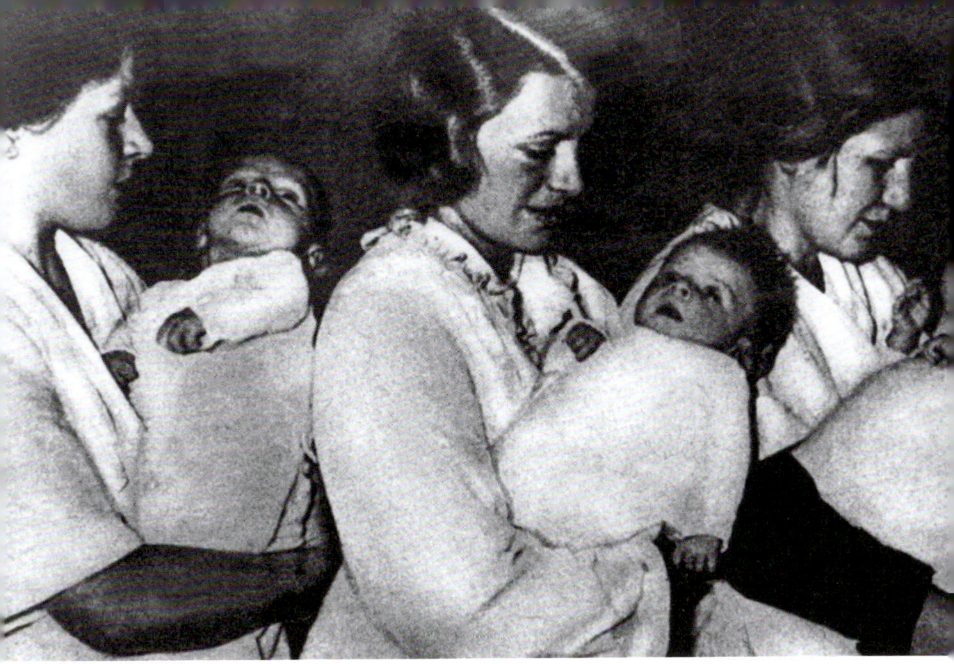

Nach der Ausbürgerung der Manns wurde die Villa zur »Lebensborn«-Zentrale

Adresse Thomas-Mann-Allee 10, 81679 München (Bogenhausen) | Anfahrt Bus 187, Haltestelle Poschingerstraße | Und heute 1952 ließ der nach Deutschland zurückgekehrte Schriftsteller die Villa abreißen und das Grundstück verkaufen. 2006 wurde die Mann-Villa, angelehnt an das Original, äußerlich rekonstruiert und wiederaufgebaut. Das Haus ist in Privatbesitz.

74 Die Mustersiedlung

Das kleinbürgerliche Lebensgefühl von Ramersdorf

In Ramersdorf sollte ein Paradebeispiel nationalsozialistischen Bauens, Siedelns und Wohnens entstehen. Aufhänger war die »Deutsche Siedlungsausstellung« 1934. Waren die »Reichskleinsiedlungen« für Erwerbslose und ihre Familien gedacht und dementsprechend spartanisch angelegt, so galt die in nur viermonatiger Bauzeit hochgezogene »Mustersiedlung Ramersdorf«, die mit großem Zeremoniell in Anwesenheit vieler Nazigrößen am 9. Juni 1934 eingeweiht wurde, als Modell für den nationalsozialistischen Siedlungsgedanken im ganzen Reich. Vor allem den deutschen Mittelstand sollte sie beglücken.

Die Mustersiedlung, unweit der katholischen Wallfahrtskirche Maria Ramersdorf, bestand aus 192 Häusern mit umzäunten Vorgärten, die viel mehr Komfort aufwiesen als die 60 Quadratmeter großen Häuser der »Reichskleinsiedlungen«. Unter der Regie des städtischen Wohnungsreferenten und NSDAP-Mannes Guido Harbers hatten zahlreiche Architekten 34 verschiedene Häusertypen entwickelt, frei stehende Einfamilienhäuser, aber auch Doppel- und Reihenhäuser mit Wohnungen zwischen 56 und 129 Quadratmetern, die nach der Siedlungsausstellung als Eigenheime verkauft wurden.

Die Mustersiedlung, ein in sich geschlossenes Ensemble mit dem Charakter einer Gartenstadt, wirkte nicht wie vom Reißbrett. Alle Straßen der NS-Mustersiedlung, die anders als in den »Reichskleinsiedlungen« nicht schachbrettartig angelegt waren, sondern individuelle Verläufe hatten, waren nach den Toten des Hitlerputsches von 1923 benannt.

Die 1936 vom NS-Architekten Roderich Fick geplante und zwei Jahre später bezogene »Reichssiedlung Rudolf Heß«, ebenfalls eine sogenannte Mustersiedlung, am linken Isarhochufer in Pullach, die überwiegend der NS-Elite vorbehalten war, wurde nach dem Krieg vom Bundesnachrichtendienst (BND) übernommen. Die Modellsiedlung verfügte über einen »Führerbunker« und wurde als Ausweich-Führerhauptquartier im September 1938 von Adolf Hitler besucht.

Bauarbeiter beim Siedlungsbau

Adresse Herrenchiemseestraße, Bernauer Straße, Frauenchiemseestraße, 81669 München (Ramersdorf) | **Anfahrt** U 2/7, Haltestelle Karl-Preis-Platz; Bus 55/59/155, Haltestelle Ramersdorf | **Und heute** Die einstige »Mustersiedlung« der Nazis ist heute ein begehrtes Gartenstadtviertel am Mittleren Ring.

75 Das Neue Rathaus

Als die Nazis ihre Gegner in die Knie zwangen

Der 9. März 1933 bedeutete das Ende des demokratischen München, der kommunalen Selbstverwaltung. SA-Einheiten besetzten das Rathaus und hissten als Zeichen der nationalsozialistischen Machtübernahme am Turm eine Hakenkreuzfahne. NSDAP-Stadtrat Max Amann verkündete einer jubelnden, »unübersehbaren Menschenmenge« auf dem Marienplatz – so der »Völkische Beobachter« – die »nationale Erhebung«. Die Reichstagswahlen am 5. März 1933 hatten die NSDAP mit 37 Prozent zur stärksten Partei werden lassen, aber die Stimmenmehrheit im Rathaus fehlte ihr. Mit brachialer Gewalt, Einschüchterungen und rüpelhaften Auftritten zwangen die Nazis die politischen Gegner in die Knie. Alles ging jetzt ganz schnell.

Franz Ritter von Epp wurde Reichskommissar in Bayern, Gauleiter Adolf Wagner Chef des bayerischen Innenministeriums, Heinrich Himmler Münchner Polizeipräsident. Die nach dem Berliner Reichstagsbrand am 28. Februar 1933 erlassenen »Verordnungen« erlaubten es, politische Gegner ohne jede gesetzliche Grundlage in »Schutzhaft« zu nehmen. Für die neuen »Herren« gab es kein Halten mehr. Antisemitismus und Rassismus, Ausgrenzung und Verfolgung, Unterdrückung und Tod brachen sich Bahn.

Karl Fiehler, antisemitischer NSDAP-Stadtrat seit 1924 und am Putsch von 1923 beteiligt, wurde Oberbürgermeister, nachdem am 20. März 1933 Karl Scharnagl von der Bayerischen Volkspartei zum Rücktritt genötigt worden war. Die KPD wurde verboten, ihre Stadträte verhaftet. SPD-Stadträte wurden in »Schutzhaft« genommen und in das am 22. März 1933 eröffnete KZ Dachau überführt. Allein in den ersten Tagen nach der Machtübernahme ließen die neuen Herren in München über 5.000 politische Gegner verhaften. Auch die Verwaltung ordnete sich unter. Unliebsame Personen wurden nach dem »Gesetz zur Wiederherstellung des Berufsbeamtentums« vom 7. April 1933 aus dem kommunalen Dienst entlassen. Jüdische Betriebe bekamen keine städtischen Aufträge mehr.

Die erste Sitzung des ausschließlich mit NSDAP-Mitgliedern besetzten Stadtrates am 25. Juli 1933

Adresse Marienplatz 8, 80331 München (Altstadt) | **Anfahrt** U 3/6, Haltestelle Marienplatz | **Und heute** Im Rathaus am Marienplatz wird in einer Gedenkstätte der »Opfer der Politischen Verfolgung 1933–1945« und der »Toten der beiden Weltkriege« gedacht. An anderer Stelle erinnert eine Tafel an die Deportation der Münchner Juden.

76 Das Nordbad

Das Schwabinger Hallenbad aus der NS-Zeit

In München gab es nur das Müller'sche Volksbad von 1901. 1941 eröffnete mit dem Nordbad an der Schleißheimer Straße im Norden Schwabings das zweite Hallenbad der Stadt. Es sollte nach Nazi-Lesart der »Körperkultur« dienen und war nach dem Prinzregentenstadion und -schwimmbad, das zwischen 1933 und 1936 entstand, das zweite Schwimmbad dieser Jahre.

Konzipiert und gebaut wurde das zweigeschossige Nordbad im typisch neoklassizistischen Stil der Nazi-Architektur von den beiden Architekten und Münchner Stadtbauräten Karl Meitinger und Philipp Zametzer zwischen 1936 und 1941. Von der Schleißheimer Straße ein wenig zurückversetzt, protzt die lang gestreckte Hauptfassade mit einer Tempelfront als Eingangsportal. Vier dorische Säulen tragen über einem Dreiecksgiebel ein Walmdach, das sich im Innern über die imposante Schwimmhalle erstreckt, umgeben von zwei seitlichen Flügelbauten. Die Schwimmhalle fasst das 33 mal 13 Meter große Schwimmbecken. Hinter der Tribüne, die einst 1.400 Zuschauer fasste, erblickt man das riesige farbige Mosaik des Malers Günther Graßmann. Dazu gab es im Nordbad ein Schulschwimmbecken, ein römisch-irisches Dampfbad und diverse Wannenbäder. Das Nordbad wurde durch Bombentreffer im Zweiten Weltkrieg stark beschädigt, nach 1945 aber im alten Stil wiederaufgebaut.

Vor dem Nordbad stechen die 1990 beiderseitig des Eingangs errichteten Marmorskulpturen »Oculus memoriae« und »Oculus oblivionis« des französischen Künstlerehepaars Anne und Patrick Poirier hervor. Die Augen des »Erinnerns« und »Vergessens« sind die überdimensionierten Augenpartien des »David« von Michelangelo und sollen ebenso wie die auf der gegenüberliegenden Straßenseite vor dem Neubau des Stadtarchivs installierte Skulptur »Memoria historiae« der beiden Künstler einen Bezug zur jüngeren und älteren Geschichte, vor allem auch zur Zeit des Faschismus darstellen.

Adresse Schleißheimer Straße 142, 80797 München (Schwabing) | Anfahrt U2, Haltestelle Hohenzollernplatz; Tram 12/27, Bus 53/154, Haltestelle Nordbad | Und heute Das Nordbad ist auch heute noch eine beliebte Badeadresse. Im Zuge einer Generalrenovierung Mitte der 1990er Jahre wurde das Außenbecken angelegt.

77 Das NS-Dokuzentrum

Aufarbeitung nach sieben Jahrzehnten

Schwer hat sich die Stadt München mit der Aufarbeitung ihrer dunklen Vergangenheit getan, und damit auch ihre politischen Eliten und Bürger. Über Jahrzehnte hinweg wurde verdrängt und kaschiert. Durch das Gehabe eines modernen, weltoffenen Auftretens, durch die Olympischen Spiele, die Fußball-Weltmeisterschaft, die Mode- und Filmstadt, durch Schickimicki und Oktoberfest. Aus der »Hauptstadt der Bewegung« wurde früh die »Weltstadt mit Herz«. Immer aber blieb München die »Hauptstadt der Verdrängung«. Man wollte nicht erinnern, dass hier das Grauen seinen Anfang nahm.

Ihrer tiefbraunen Vergangenheit aber musste sich die Stadt irgendwann stellen. München ist wie keine zweite Stadt mit der NS-Geschichte verbunden, war Ausgangspunkt des deutschen Faschismus, der Gleichschaltung, des Terrors, des grenzenlosen Judenhasses, der Konzentrationslager, der Vernichtungsmaschinerie.

Nicht zuletzt aufgrund des internationalen Drucks und des hartnäckigen Beharrens engagierter Bürger konnte am 30. April 2015, dem 70. Jahrestag der Befreiung Münchens, das NS-Dokumentationszentrum eröffnen. Am historisch-authentischen Ort, da, wo einst das »Braune Haus«, die Zentrale der NSDAP, stand. Das NS-Dokumentationszentrum versteht sich als »Erinnerungs- und Lernort« gleichermaßen, zeigt auf, warum sich die menschenverachtende, rassistische Ideologie des Nationalsozialismus gerade in der bayerischen Hauptstadt ausbreiten konnte, hier in den Hallen der Brauhäuser ihr Biotop fand. Es zeigt, wie sich die Münchner im Hass auf alles Fremde reaktionär und demokratiefeindlich, antisemitisch und fanatisch mit den Nazis verbündeten, mitmachten bei der Ausgrenzung der Juden und den Nazis rasch auch den Zugang zu den großbürgerlichen Salons, zu Münchens feiner Gesellschaft ebneten. Und warum sie nach der Befreiung 1945 leugneten, verdrängten und sich damit ein zweites Mal schuldig machten.

Adresse Max-Mannheimer-Platz 1, 80333 München (Maxvorstadt) | **Anfahrt** U 1/2/8, Haltestelle Königsplatz; Tram 27/28, Haltestelle Karolinenplatz | **Und heute** Im Februar 2018 wurde der Platz vor dem Gebäude nach dem Holocaust-Überlebenden Max Mannheimer benannt. Das NS-Dokumentationszentrum hat eine neue Außenstelle (siehe Foto unten): das ehemalige Zwangsarbeiterlager Neuaubing. Es erzählt die Geschichte Tausender vorwiegend osteuropäischer Zwangsarbeiter.

78 Das Oberfinanzpräsidium

Als Beamte jüdisches Vermögen plünderten

In der Sophienstraße, gegenüber dem von den Nazis zum Stadtpark umgestalteten Alten Botanischen Garten, wurde von Amts wegen geraubt und geplündert. Nach außen gerierte sich die zwischen 1938 und 1941 nach Plänen des Architekten Franz Stadler im sogenannten klassizierenden Monumentalstil erbaute Oberfinanzdirektion als funktionierende Behörde mit Hunderten braver Finanzbeamter. Im Innern aber war sie eine gleichgeschaltete Behörde, in der Juden und Demokraten nicht mehr arbeiten durften. Noch heute dominiert der überdimensionierte Adler mit seinen ausgebreiteten Schwingen, in den Krallen einen Lorbeerkranz, die Außenfassade des in hellem Rot getünchten blockartigen Gebäudes. Alles ist noch Original aus der Nazi-Zeit, nur das Hakenkreuz wurde aus dem Kranz geschlagen.

Eine der größten Dienststellen der Finanzverwaltung war ab 1941 die Hauptabteilung zur »Verwertung des einzuziehenden Vermögens von abgeschobenen Juden«, also jüdischen Mitbürgern, die zur Ausreise gezwungen oder deportiert wurden. Die Vermögen von rund 7.800 Juden wurden konfisziert. Diejenigen, die nicht rechtzeitig emigrieren konnten, wurden in die Konzentrationslager verschleppt. Eine Verordnung vom 30. November 1938 lautete: »Über sämtliche Bankguthaben von Juden darf nur mit Erlaubnis des Oberfinanzpräsidenten verfügt werden.«

Man betritt den Bau bis heute durch eine von Säulen gefasste Arkadenhalle mit Freitreppe und einem dahinterliegenden, mit zwei Zierbrunnen versehenen Innenhof. Über den Arkaden befindet sich ein großer Sitzungs- beziehungsweise Festsaal, der sogenannte Sophiensaal, von außen erkennbar an den höheren Fenstern. Der gesamte Block des Oberfinanzpräsidiums verfügt über 300 Diensträume und diverse umbaute Innenhöfe. Der Sophiensaal wurde nach dem Krieg von der amerikanischen Militärbehörde genutzt. Von 1947 bis 1949 tagte hier der Bayerische Landtag.

Der Griff nach allem jüdischen Eigentum

Adresse Sophienstraße 6, 80333 München (Maxvorstadt) | **Anfahrt** U 4/5, Haltestelle Karlsplatz (Stachus); Tram 27/28, Haltestelle Ottostraße | **Und heute** Das ehemalige Oberfinanzpräsidium ist heute Sitz der Oberfinanzdirektion und beherbergt unter anderem das Hauptzollamt München und das Bayerische Landesamt für Steuern. Der steinerne Adler an der Außenfassade repräsentiert bis heute das nationalsozialistische Hoheitszeichen.

79 Die Oberste SA-Führung

Vandalismus und Terror aus der Barer Straße

Während der Weltwirtschaftskrise 1929 und einer immens hohen Arbeitslosigkeit wuchs die 1921 als paramilitärische Kampforganisation der NSDAP in München gegründete Sturmabteilung (SA), die sich in erster Linie aus ehemaligen Weltkriegssoldaten und Freikorpsmitgliedern zusammensetzte, von einer Schlägerbande zu einer radikalen Parteitruppe. Bewaffnet und in braunen Uniformen gingen die SA-Männer immer aggressiver gegen politische Gegner vor, lieferten sich Saalschlachten, tyrannisierten politisch Andersdenkende und tobten sich ungestraft an jüdischen Mitbürgern aus. Anfänglich hatte die Führung der SA ihren Sitz im »Braunen Haus«, ab Januar 1934 residierte die »Oberste SA-Führung« in den von der NSDAP erworbenen Gebäuden in der Barer Straße 7–11.

Die SA unterstand seit 1930 Adolf Hitler, der Ernst Röhm zu ihrem Stabschef ernannte. Röhm, wohnhaft in der Hohenzollernstraße 110, machte sie zum wichtigsten Terrorinstrument der »Machtergreifung« und zur Massenorganisation. Der ehemalige Generalstabsoffizier, der alles Bürgerliche und das Weimarer System zutiefst hasste, übernahm die SA mit 70.000 Mann. 1933 hatte sie eine Million, ein Jahr später vier Millionen Mitglieder. Aufmärsche, Einschüchterungen, Terror: Die SA beherrschte die Straßen. Alles, was sich ihr in den Weg stellte, wurde weggeräumt. Röhm und seine SA, der anfänglich noch SS und Hitlerjugend (HJ) unterstellt waren, wurden für Hitler zu einer bedrohlichen und immer schwerer zu kontrollierenden Macht im Staate.

Im Juli 1934 ließ Hitler mit Hilfe der SS im Zuge des sogenannten »Röhm-Putsches« die gesamte Führungsspitze der zum Staat im Staate gewordenen SA liquidieren. Die »Oberste SA-Führung« wurde von München nach Berlin verlegt. Ihre zentrale Rolle verlor die SA nun an die SS, aber ihre Funktion als Einschüchterungs- und Terrorinstrument behielt sie bei, vor allem gegen alles Jüdische.

Zusammenstoß der SA mit der Polizei in München um 1930

Adresse Barer Straße 7–11, 80333 München (Maxvorstadt) | **Anfahrt** U 2/8, Haltestelle Königsplatz; Tram 27/28, Haltestelle Ottostraße | **Und heute** In dem Gebäudekomplex, der im Krieg völlig zerstört wurde, befinden sich gewerbliche Räume und ein Hotel.

80_Die Osteria Bavaria

Das Lieblingslokal Hitlers und seiner Entourage

Alles, was irgendwie mit Italien zu tun hatte, war um die Wende zum 20. Jahrhundert in München en vogue. So auch das Restaurant mit italienischer Küche, die »Osteria Bavaria« in der Schellingstraße. Ein Treffpunkt vor allem von Künstlern, Intellektuellen und Studenten der nahen Akademie und der Universität. Wassily Kandinsky und Henrik Ibsen kamen gern hierher, die Osteria wurde zum Stammlokal Oskar Maria Grafs und vieler Redakteure des »Simplicissimus«. Das 1890 gegründete Restaurant wurde zum Geheimtipp. Das großzügige Wandgemälde mit simulierter Sicht auf die Bucht von Neapel im Hinterzimmer, die Ockertöne und dunklen Hölzer, der kleine Garten im Innenhof und der römische Rundtempel vermittelten das Gefühl einer italienischen Loggia in mediterraner Landschaft.

Aber dieser »Geheimtipp« zog auch die Klientel der Naziführung an und wurde schnell zum Lieblingsrestaurant Adolf Hitlers und seines Gefolges vom nahen »Völkischen Beobachter« im schräg gegenüberliegenden Buchgewerbehaus. Joseph Goebbels beschrieb in seinen Tagebüchern immer wieder, wie er mit Hitler in der Osteria speiste, wie sie neue Pläne ausheckten. Hier haben sie abends bei Pasta und Auberginen über den Beginn der von ihnen initiierten Reichspogromnacht im November 1938 jubiliert und sich über die legere Lebensweise der verachteten avantgardistischen Maler und Schriftsteller mokiert, deren freien Lebensstil, die rauschenden Schwabinger Künstlerfeste. Oskar Maria Graf schrieb über »Hitlers Schwabinger Runde« in der Osteria Bavaria, zu der auch »seine Paladine« Rudolf Heß, Hermann Göring, Heinrich Himmler und sein Leibfotograf Heinrich Hoffmann gehörten: »Ein blitzschnelles Aufflackern in den Augen Hitlers, der uns ›Intelligenzbestien‹ hemmungslos hasste, fiel mir stets auf, wenn er zufällig zu uns herüberschaute, weil es so eine stechende, unheimliche Rachsucht verriet.«

Hitler vor der Osteria Bavaria

Adresse Schellingstraße 62, 80799 München (Maxvorstadt) | **Anfahrt** U 2, Haltestelle Josephsplatz; Tram 27/28, Haltestelle Pinakotheken; Bus 154, Haltestelle Schellingstraße | **Und heute** Die heutige »Osteria Italiana« gehört nach wie vor zu den ersten italienischen Restaurants der Stadt. Noch heute zeichnet sich das Lokal durch die Originalausstattung aus.

81 — Das Park Café

Das Gartenlokal am Alten Botanischen Garten

Hier flanierten die Münchner gern, man traf sich, trank hier seine Schokolade. Das neue, im historisierenden Stil wuchtig gebaute Kaffeehaus am nördlichen Ende des Alten Botanischen Gartens gehörte zu einer der stark frequentierten Adressen der Stadt. Und der Biergarten hin zum Garten tat sein Übriges.

Das Park Café wurde konzipiert und gebaut von Oswald Bieber, einem hochdekorierten Mitglied der Bayerischen Akademie der Künste und engen Vertrauten des Generalbaumeisters der »Hauptstadt der Bewegung«, Hermann Giesler. Bieber, der auch ein Günstling Hitlers war, zeichnete als Architekt verantwortlich für zahlreiche weitere Nazibauten in München, so auch das »Haus des Deutschen Rechts« in der Ludwigstraße. Auch der Kunstpavillon im Alten Botanischen Garten ging auf seine Rechnung.

Wie viele Nazibauten geriet auch das zweigeschossige Park Café mit seinen Café- und Restauranträumen einige Nummern zu groß. Aber das Gebäude war eben nicht nur als nördliches Entree zum Alten Botanischen Garten hin angelegt, sondern sollte sich vor allem in die Architektur des Parteiviertels einfügen. So war es vom Königsplatz aus weithin als Straßenendpunkt sichtbar. Vor allem das mächtige Eingangsportal mit der monumentalen Pfeilerfront – vier kantige Säulen ohne jeden verzierenden Schmuck, die den Vorbau tempelähnlich tragen – sollte Größe und Selbstbewusstsein des Regimes auch im Alltäglichen suggerieren. Während die Vorderseite streng zum Parteiviertel hin ausgerichtet war, präsentierte sich die Rückseite des Gartencafés zum Park eher verspielt mit verschiedenen modellierten Frauenköpfen über den hohen Türen. Alles in einem gelben Farbton gehalten.

Nach dem Krieg wurde das erheblich beschädigte Park Café wieder in den Originalzustand versetzt. In den 1980er und 1990er Jahren wurde es zur festen Einrichtung des Münchner Nachtlebens und zu einem der angesagten Clubs der Stadt.

Adresse Sophienstraße 7, 80333 München (Maxvorstadt) | **Anfahrt** U 2, Haltestelle Königsplatz; U 4/5, Haltestelle Karlsplatz (Stachus); U 1/2/4/5/7/8, Haltestelle Hauptbahnhof; Bus 100/150, Haltestelle Elisenstraße | **Und heute** Das Park Café ist bis heute ein Treffpunkt mit Restaurant, Gesellschaftsräumen und Biergarten zum Alten Botanischen Garten hin.

82 Das Parteiviertel

Die Maxvorstadt fest im Griff der NSDAP

Viele noble Anwesen rund um den Königs- und Karolinenplatz, entlang der Barer und Arcisstraße und nahezu die gesamte vordere Karlstraße gehörten zum Immobilienbesitz der NSDAP. Mit dem Kauf des Palais Barlow 1930, des »Braunen Hauses«, entschieden Hitler und die Partei, die attraktivsten Häuser und Palais der Maxvorstand nach und nach zu erwerben, um hier ihr Parteiviertel, das »Forum der Bewegung«, zu etablieren. Von hier aus gedachten sie, das gesamte Reich und seine Menschen ideologisch zu durchdringen und die gesellschaftliche Gleichschaltung und bürokratische Zentralisierung zu lenken.

Ab 1930 gingen rund 50 Gebäude in den Besitz der NSDAP über. Vor 1933 wurden die Immobilien regulär erworben, danach die Hauseigentümer erheblich unter Druck gesetzt und zum Verkauf gezwungen. Einige Gebäude wurden abgerissen und durch Neubauten ersetzt, andere hinter klassizistischer Fassade zu Bürobauten für die Parteidienststellen und NS-Organisationen umgebaut. Während die Regierungsmacht nach 1933 in Berlin konzentriert wurde, blieb München während der gesamten NS-Zeit die Stadt der Partei und Sitz der »Reichsleitung der NSDAP« und der ihr angeschlossenen Organisationen.

Neben der »Obersten SA-Führung« in der Barer Straße 7–11 operierten hier unter anderem die »Reichsführung-SS« (Karlstraße 10), die »Reichsjugendführung der NSDAP« des Baldur von Schirach (Karlstraße 14), die »Reichsführung NS-Deutscher Studentenbund« (Karlstraße 16), die »Reichspressestelle der NSDAP« zur Gleichschaltung der deutschen Presse (Karlstraße 18) und die »Reichspropagandaleitung der NSDAP« (Karlstraße 20). In der Katharina-von-Bora-Straße 9 befand sich die »Reichszentralstelle für die Durchführung des Vierjahresplans bei der NSDAP«, im benachbarten ehemaligen Palais Moy die Kanzlei des »Stellvertreters des Führers«, dessen Stab auch im »Braunen Haus« saß beziehungsweise ab 1931 im Palais Degenfeld schräg gegenüber, wo zuvor die Päpstliche Nuntiatur residierte.

Parteibauten in bester Lage

Adresse Karree Gabelsberger-, Barer-, Karl- und Luisenstraße mit dem Königs- und Karolinenplatz, der Arcisstraße sowie der Brienner- und Max-Joseph-Straße, 80333 München (Maxvorstadt) | **Anfahrt** U 2/8, Haltestelle Königsplatz | **Und heute** Zahlreiche Gebäude wurden im Krieg zerstört, abgerissen und neu gebaut. Heute werden sie privat, öffentlich, gewerblich und universitär genutzt.

83 Die Parteizentrale

Die NSDAP in der Schellingstraße

Nach dem zwischenzeitlichen Verbot der NSDAP aufgrund des niedergeschlagenen Hitlerputsches vom November 1923 wurde die Parteizentrale inoffiziell in das Gebäude des Eher-Verlages in der Thierschstraße 15 verlegt, wo die Partei im Februar 1925 neu gegründet wurde, ohne ihre Aktivitäten je beendet zu haben. Doch bereits nach einem Monat wurde umgezogen und die Geschäftsstelle der NSDAP in repräsentativere Räumlichkeiten in der Schellingstraße 50 verlegt, die sich nun »Reichshauptgeschäftsstelle« nannte. Dies traf sich deshalb für die Partei gut, da schräg gegenüber in der Schellingstraße 39/41 die Redaktion des ebenfalls zwischenzeitlich verbotenen »Völkischen Beobachters« aus dem parteieigenen Eher-Verlag im dortigen Buchgewerbehaus residierte.

Vermittelt hatte den Umzug in die Maxvorstadt der Fotograf Heinrich Hoffmann, der im Rückgebäude der Schellingstraße 50 seine Firma »Photographische Berichterstattung« betrieb, die durch die Dokumentation der revolutionären Ereignisse in München nach dem Ersten Weltkrieg 1918/19 populär geworden war. Hitlers Mentor und väterlicher Freund, der Schriftsteller und Schriftleiter des »Völkischen Beobachters« Dietrich Eckart, hatte Hitler mit Hoffmann bekannt gemacht, der zu seinem Leibfotografen werden und rund um Hitler ein reichsweites Fotoimperium aufbauen sollte. 1933 stieg Hoffmann schließlich zum »Reichsbildberichterstatter« auf und zeichnete verantwortlich für die gesamte bildliche Propaganda des Nazi-Staates. Ganz nebenbei: Im Atelier Hoffmann hatte Hitler auch die Sekretärin des Fotografen, Eva Braun, kennengelernt, die dann als Muse des »Führers« in eine Villa in die Delpstraße in Bogenhausen zog.

Die Geschäftsstelle in der Schellingstraße expandierte durch die rasant wachsenden Mitgliederzahlen der NSDAP, sodass die Partei auch Teile des Hinterhauses anmietete. Hatte die Geschäftsstelle 1925 vier Angestellte, so waren es 1930 schon 56. Dann kam der Umzug ins »Braune Haus«.

»Führersitzung« in der NSDAP-Reichsleitung, Schellingstraße 50, um 1927

Adresse Schellingstraße 50, 80799 München (Maxvorstadt) | **Anfahrt** U 3/6, Haltestelle Universität; Tram 27/28, Bus 153/154, Haltestelle Schellingstraße | **Und heute** An der Außenfassade der Schellingstraße 50 erinnert immer noch ein verwitterter Reichsadler an die einstige Parteizentrale.

84 Die Polizeidirektion

Heinrich Himmler wurde Chef der Ettstraße

Die »Ettstraße« ist für nahezu jeden Münchner ein Synonym für das Polizeipräsidium, die wenigsten aber wissen von der finsteren Vergangenheit während der NS-Diktatur dieses bis heute grauen, irgendwie isolierten Gebäudekomplexes im Schatten des Doms. 1933 wurde die »Ettstraße« zur »Mörderzentrale«, zum erbarmungslosen Vollstreckungsinstrument des Regimes. Überraschend kam das nicht. Seit der Niederschlagung der Räterepublik 1919 sympathisierte die Münchner Polizeibehörde offen mit völkischen und antisemitischen Gruppierungen, ließ bis zum Putsch 1923 die NSDAP und ihre vagabundierenden SA-Horden weitgehend unbehelligt. Zahlreiche hohe Beamte der Polizeidirektion dieser Jahre machten nach 1933 Karriere. So der von Hitler ernannte und in vorderster Linie am Aufbau des verbrecherischen Systems beteiligte Reichsinnenminister Wilhelm Frick.

In dieser Funktion ernannte er am 9. März 1933 Franz Ritter von Epp zum Reichskommissar in Bayern, den bayerischen Gauleiter Adolf Wagner zum Chef des bayerischen Innenministeriums und Heinrich Himmler zum ersten nationalsozialistischen Polizeipräsidenten von München. Reinhard Heydrich, der mit seiner Familie privat eine Villa in der Zuccalistraße in Nymphenburg bewohnte, wurde Chef der Politischen Polizei Bayerns. Auf der Basis der im Februar 1933 erlassenen »Schutzhaft-Verordnung«, nach der Verhaftungen ohne jede gesetzliche Grundlage vollzogen werden konnten, gab es für die neuen Machthaber kein Halten mehr. Polizeipräsident Himmler, seit 1. April 1933 als Reichsführer-SS auch Politischer Polizeikommandeur Bayerns, ließ Tausende politische Gegner, Juden, Geistliche oder Mitglieder sogenannter unliebsamer Randgruppen in Schutzhaft nehmen, ernannte SA- und SS-Männer zu Hilfspolizisten. Nachdem die Zellen in der Ettstraße restlos überfüllt waren, ließ die Polizeidirektion München am 20. März vor den Toren der Stadt das Konzentrationslager Dachau errichten, das erste seiner Art in Deutschland.

Rückholung der »Blutfahne« 1933 aus der Ettstraße, die seit dem Putschversuch von 1923 konfisziert war

Adresse Löwengrube 1 beziehungsweise Ettstraße 2, 80333 München (Altstadt) | **Anfahrt** U 3/6, Haltestelle Marienplatz; U 4/5, Haltestelle Karlsplatz (Stachus) | **Und heute** In der Löwengrube beziehungsweise Ettstraße befindet sich unverändert Münchens Polizeipräsidium.

85 Die Porzellan-Manufaktur

Kitschiges Kunsthandwerk für die »NS-Elite«

Kitsch und Tinnef ohne Ende. Vasen mit Reichsadler und Hakenkreuz im Lorbeerkranz, Bierkrüge mit Zinndeckel und SS-Runen, Kerzenständer mit Hakenkreuzmotiven und SS-Emblemen, Trachtenfiguren, heroische Sportler und Schäferhunde, SS-Reiter, SS-Fahnenträger, Blumenschmuck und Tischservice mit NS-Dekor, »Führerbüsten« und altgermanische »Julleuchter«. Alles aus Porzellan oder Keramik. Kunsthandwerk im Dienste des faschistischen Regimes, häufig designt von namhaften Münchner Künstlern und Bildhauern, die sich mit dem Regime arrangiert hatten.

»Reichsführer-SS« Heinrich Himmler hatte 1936 die Idee zu der Porzellan-Manufaktur Allach (PMA) im Rahmen der SS-eigenen Wirtschaftsunternehmen, die er schließlich als »seine« Firma betrachtete, in der er sich munter bedienen konnte, wenn es darum ging, großzügig Geschenke zu verteilen. Seien es Geschenke für seine SS-Führer, die er mit Keramik germanisch-mythischer Symbolik beglückte, oder »Erbauungsgeschenke für hochrangige NSDAP-Funktionäre«. Ein bisschen wollte man in Allach die Nymphenburger Porzellan-Manufaktur imitieren und ganz groß rauskommen, die Parteilinie und den Geschmack der Nazi-Elite treffend, aber auch den Ideologietransfer für die häusliche Vitrine fördern.

Gesellschafter der Porzellan-Manufaktur Allach waren ein Kaufmann und drei Bildhauer, allesamt SS-Mitglieder. Einem von ihnen, dem Künstler Franz Nagy, gehörte das 2.000 Quadratmeter große Grundstück mit kleinem Siedlungshaus. Wegen großer Nachfrage, räumlicher Enge und einem Mangel an Arbeitern errichtete die Porzellan-Manufaktur 1939 auf dem erweiterten Gelände des Konzentrationslagers Dachau eine Dependance, zu der auch KZ-Häftlinge zur Zwangsarbeit abkommandiert wurden. Markenzeichen des Allacher Porzellans wurden die SS-Runen, eingebrannt auf allen Exponaten.

Bierkrug mit SS-Runen und Kerzenhalter mit dem Schriftzug »Ergänzungsamt der Waffen-SS«

Adresse Reinhard-von-Frank-Straße 8, 80997 München (Allach) | **Anfahrt** S 2, Haltestelle Allach; Bus 163, Haltestelle Tubeufstraße | **Und heute** Das ursprüngliche Wohnhaus der Porzellan-Manufaktur steht noch, verbrettert und unbewohnt, das Gelände ist verwaist. PMA-Exponate erfreuen sich in der rechten Szene immer noch großer Beliebtheit.

86 Das Putsch-Gericht

Das Skandalurteil aus der Pappenheimstraße 14

Der Prozess gegen die Verantwortlichen des gescheiterten Putsches vom 9. November 1923 begann am 26. Februar 1924 in einem Seitenflügel der 1887 errichteten Infanterieschule in der Blutenburgstraße, Ecke Pappenheimstraße. Wegen des erwarteten starken Andrangs an Schaulustigen und Hitler-Anhängern verzichtete man auf die Ausführung im innerstädtischen Justizpalast, ließen sich die Sicherheitsvorkehrungen am Marsfeld doch besser durchführen. Angeklagt wegen Hochverrats waren zehn Personen, darunter Adolf Hitler, SA-Chef Ernst Röhm, der Leiter der Politischen Polizei Wilhelm Frick sowie der ehemalige Weltkriegsgeneral Erich Ludendorff. Vorsitzender Richter des »Volksgerichts München« – eigentlich hätte der Prozess nach dem »Republikschutzgesetz« am Reichsgerichtshof in Leipzig stattfinden müssen, was von der erzkonservativen bayerischen Regierung verhindert wurde – war der rechtskonservative Landesgerichtsdirektor Georg Neidhardt, der bereits 1920 den Prozess gegen den Mörder Kurt Eisners, Graf von Arco auf Valley, geführt hatte.

Das Gericht gab Hitler über Stunden hinweg alle Freiheiten zur Selbstdarstellung, zur Hetze gegen die Berliner Reichsregierung und die Republik. Der Prozess wurde zu einer einzigen Propagandabühne für die NSDAP. Der »vaterländische Geist« der Putschisten wurde von der Anklagevertretung goutiert, die dubiose Rolle bayerischer Regierungsvertreter während des Umsturzversuchs sollte vertuscht werden.

Das Urteil am 1. April 1924 schließlich war eine einzige Farce und Rechtsbeugung: Hitler und seine Entourage wurden zu fünf Jahren Festungshaft in Landsberg verurteilt, einer Gefängnisstrafe mit Aussicht auf rasche Bewährung. Am 19. Dezember 1924 konnte Hitler das Gefängnis unter dem Jubel seiner Anhänger »wegen guter Führung« verlassen. Eigentlich hätte der Ausländer Hitler zu einer lebenslangen Zuchthausstrafe oder zum Tode verurteilt beziehungsweise als politischer Verbrecher des Landes verwiesen werden müssen.

Die Angeklagten: In der Mitte Erich Ludendorff, rechts von ihm Adolf Hitler, Ernst Röhm und Wilhelm Frick

Adresse Pappenheimstraße 14, 80335 München (Neuhausen) | **Anfahrt** U 1/2, Haltestelle Maillingerstraße; Bus 92, Haltestelle Nymphenburger Straße | **Und heute** Teile der Infanterieschule Blutenburgstraße, Ecke Pappenheimstraße stehen noch und beherbergen unter anderem den Kindergarten der Deutschen Telekom. Eine Hinweistafel auf den Putsch-Prozess fehlt.

87 Der Reichsbank-Neubau

So ähnlich wie das abgerissene Herzog-Max-Palais

Die Nazis kannten auch städteplanerisch kein Pardon. Um die Prinzregentenstraße mit dem Parteiviertel und der geplanten Ost-West-Achse zu verbinden, schlugen sie eine Schneise der Verwüstung, rissen zahlreiche auch historisch wertvolle Gebäude ab. Besonders traf es die Kreuzung Von-der-Tann-Straße und Ludwigstraße. Und damit das pompöse Herzog-Max-Palais, das der gleichnamige Herzog sich und seiner Familie 1828 von Leo von Klenze im Stil der italienischen Renaissance hatte erbauen lassen. Hier in der Ludwigstraße wurde 1837 Elisabeth Amalie Eugenie als viertes Kind der Prinzessin Ludovika und ihres Mannes Herzog Max geboren. 1854 heiratete sie den 23-jährigen österreichischen Kaiser Franz Joseph und stieg zur Kaiserin »Sissi« von Österreich-Ungarn auf.

1937 wurde das architektonisch bedeutende und in der Erscheinung pompöse Palais von der NS-Reichsbank akquiriert, deren Außenstelle auf der anderen Seite der Ludwigstraße im Zuge des Umbaus der »Hauptstadt der Bewegung« abgerissen wurde. Reichsfinanzminister und Generalbevollmächtigter für die Wehrwirtschaft Hjalmar Schacht, seit 1932, wie viele Schwerindustrielle und Banker, Propagandist eines faschistischen Deutschlands, wünschte sich einen repräsentativen Neubau.

So entstand ein Bau des Architekten Heinrich Wolff, der schon die Berliner Reichsbank gebaut hatte, wieder im an den Klassizismus der Ludwigstraße angelehnten Stil, aber nüchterner, die Macht darstellend. Wobei sich die Außenfassade weitgehend an das Herzog-Max-Palais anlehnte, so der Haupteingang unter dem vorspringenden Balkon. Aber der Bau, in den Dimensionen um einiges größer als der Klenze-Bau, geriet kriegsbedingt ins Stocken und wurde nach dem Bau des ersten Stockwerks 1941 eingestellt. Erst zwischen 1949 und 1951 wurde das Gebäude nach den Originalbauplänen, jetzt von der Landeszentralbank Bayern, fertiggestellt.

Großbaustellen an der Ludwigstraße und im Zuge der Erweiterung der Von-der-Tann-Straße

Adresse Ludwigstraße 13, 80539 München (Maxvorstadt) | **Anfahrt** U 3/4/5/6, Haltestelle Odeonsplatz | **Und heute** Das Gebäude wird durch die Hauptverwaltung München der Deutschen Bundesbank genutzt. Eine Tafel außen weist auf das Geburtshaus Sissis hin, jedoch nicht auf den Nazibau.

88 Die Reichsführung-SS

Die SS war eine Geburt aus München

Die »Schutzstaffel«, seit 1925 als Leibwache Adolf Hitlers in Treue und Gefolgschaft auf den »Führer« eingeschworen, mutierte schließlich zum unkontrollierten und mächtigsten Terrorinstrument des Systems, zum Motor der NS-Vernichtungspolitik. Der 28 Jahre alte Heinrich Himmler, Sohn des Studiendirektors des Wittelsbacher Gymnasiums, wurde im Januar 1929 von Hitler zum »Reichsführer-SS« ernannt. Zu diesem Zeitpunkt war die kleine Elitetruppe eine Untereinheit der immer mächtiger werdenden und sich zur Massenorganisation entwickelnden SA. Erst nach dem »Röhm-Putsch« im Sommer 1934, als Hitler die SA-Führung wegen eigener Machtoptionen durch seine SS-Getreuen ermorden ließ, begann der unbegrenzte Aufstieg der SS zur eigenständigen bewaffneten Organisation der NSDAP. 1936 zog die »Reichsführung-SS« in das Eckgebäude Karlstraße 10, in dem auch das SS-Gericht angesiedelt war. Die SS-Zentrale saß inzwischen in Berlin.

Die »Reichsführung-SS« mit ihren zahlreichen Hauptämtern und Unterorganisationen, wie dem »Rasse- und Siedlungsamt«, zuständig für Rassenuntersuchungen und Ehegenehmigungen für Angehörige der SS, dem »Reichskommissariat für die Festlegung deutschen Volkstums«, dem »Amt für Rassenselektion für die besetzten Ostgebiete«, den Ämtern für »Lebensborn« und »Ahnenerbe«, entwickelte sich zu einem bürokratischen Monster, das mit einem mörderischen Eigenleben zum Staat im Staate wurde. Der SS unterstand die Leitung der Konzentrationslager, deren Bewachung die sogenannten »Totenkopfverbände« innehatten, sie besaß eigene Kampfverbände, die sogenannte Verfügungstruppe, aus denen die Waffen-SS resultierte. Die SS unterlag keiner staatlichen Gerichtsbarkeit, keiner rechtlichen Kontrolle, überzog das Land und die im Krieg besetzten Gebiete mit Terror und Mord. 1944, auf dem Höhepunkt des Krieges, zählte die SS 800.000 Mann, 600.000 davon waren in der Waffen-SS.

Die SS-Führung

Adresse Karlstraße 10, 80333 München (Maxvorstadt) | **Anfahrt** U 2/8, Haltestelle Königsplatz; Tram 27/28, Haltestelle Ottostraße | **Und heute** Das nach völliger Zerstörung wiederaufgebaute Gebäude wird heute gewerblich genutzt.

89 Die Reichssiedlungen

Am Hart, Neuherberg, Kaltherberg und Harthof

Der Siedlungsbau der Nazis in den ersten Jahren nach der Machtübernahme diente nicht nur der Schaffung neuen Wohnraums, sondern ging auch einher mit einem Programm für Arbeit. Überwiegend wurden Erwerbslose zum Bau der verschiedenen, meist an der Peripherie gelegenen neuen Siedlungen herangezogen, mit der Perspektive, dann auch dort einziehen zu können. Die Siedlerfamilien mussten ihre Häuser selbst bauen.

Die erste »Reichskleinsiedlung« entstand am damaligen nördlichen Stadtrand Münchens an der heutigen Sudetendeutschen Straße. Die NSDAP entschied, welche »rassistisch einwandfreien« Familien sich in Eigenarbeit als Siedler ihre kleine »Blut und Boden«-Scholle schaffen durften. Nach einem Entwurf des städtischen Oberbaurats Karl Meitinger entstanden einstöckige, unterkellerte Kleinhäuser mit ausbaufähigen Dachgeschossen und einer Wohnfläche von 60 Quadratmetern. Alle Häuser waren genormt. Neben der Wohnküche und vier Schlafzimmern, angelegt für viele Kinder, hatten alle Häuschen einen Nutzgarten und einen Kleintierstall. So sollten die arbeitslosen neuen Bewohner sich auch aus eigener Wirtschaft ernähren können.

Am 8. September 1936 wurden 338 nahezu identische Siedlerstellen, Einfamilienhäuser, den neuen Mietern übergeben. 1938 kamen eine Schule und eine Kirche im traditionell-heimatlichen Baustil hinzu. Wegen der großen Nachfrage wurde unter den »Siedlungsanwärtern« gelost, wer mit seiner Familie einziehen durfte. Die Perspektive bei guter Führung: Das Haus ging später in Erbbaurecht an die Bewohner über. Zwischen 1936 und 1938 entstanden in der Nachbarschaft zum Hart die ähnlichen Siedlungen Neuherberg und Kaltherberg, 1939 dann die Siedlung am Harthof als Teil der von den Nazis geplanten, aber nie realisierten »Volksstadt im Norden« mit 60 großen Wohnblöcken, vor allem für die Industriearbeiter von BMW und die Angehörigen der SS-Standarte »Deutschland«.

Die Reichskleinsiedlung »Am Hardt« war die größte ihrer Art in München

Adresse Sudetendeutsche Straße (zwischen Knorrstraße und Ingolstädter Straße), 80937 München (Milbertshofen) | **Anfahrt** U 2, Haltestelle Am Hart oder Harthof | **Und heute** Die Reichskleinsiedlung Am Hart wie auch die übrigen Siedlungen gibt es in erweiterter Form und teilweise umgebaut noch heute. Die meisten Häuser sind in Privatbesitz. Man erkennt den Siedlungscharakter aber unvermindert.

90 Die Reichszeugmeisterei

Auch das braune Outfit kam aus München

1925 verfügte die Parteileitung, die nationalsozialistischen Organisationen einheitlich einzukleiden: braune Hemden, braune Binder, braune Hosen, braune Mützen, braune Lederkoppel mitsamt SA-Dolch, Koppelschloss und Schulterriemen. Und dazu »Kampfbinden« am linken Arm, ein rotes Band mit schwarzem Hakenkreuz auf weißem Grund. Dazu kam die Produktion Hunderttausender Hakenkreuzfahnen. Zentral gesteuert für das gesamte Reich, eine gewaltige Vermarktungsmaschinerie. Mit hohen Profiten für die NSDAP. Merchandising würde man das heute nennen. Devotionalienhandel.

1928 richtete die Partei eine erste »Zeugmeisterei« in München ein als Auftraggeber und Vermarkter aller parteiamtlichen Bekleidungs- und Ausrüstungsgegenstände in großem Stil.

1935 begann man auf einem von der NSDAP erworbenen Fabrikgelände an der Tegernseer Landstraße mit dem Neubau der gigantischen »Reichszeugmeisterei«. Es war ein monumentaler Bau, viergeschossig mit 300 Büroräumen, 400 Dienstwohnungen, Wirtschafts- und Verladebahnhöfen. Über dem mit mächtigen Pfeilern versehenen Haupteingang prangte ein gigantischer Adler mit dem Hakenkreuz. Die »Reichszeugmeisterei«, die größte Dienststelle der Partei, hatte das Lizenzvergabemonopol für Hersteller und Händler. Nur zugelassene Geschäfte konnten und durften, streng kontrolliert, NS-Bekleidung oder Devotionalien mit der Signatur »RZM« produzieren oder veräußern. Für die RZM arbeiteten rund 15.000 kostenpflichtig lizenzierte Fabrik- und Handwerks- sowie 75.000 Schneiderbetriebe.

In dem gigantischen Gebäudekomplex waren auch der »Reichsautozug Deutschland« und der »Hilfszug Bayern« mit Werkstätten und Garagen stationiert, die mit ihren rund 100 Lkws die technischen Ausrüstungen für die Massenveranstaltungen der NSDAP in ganz Deutschland transportierten, zum Beispiel zu den Nürnberger Reichsparteitagen.

Der Reichsautozug Deutschland zur Unterstützung von NSDAP-Großkundgebungen, April 1937.

Adresse Tegernseer Landstraße 210, 81549 München (Giesing) | Anfahrt U 1/2, Haltestelle Sankt-Quirin-Platz; Bus 147/220, Haltestelle Soyerhofstraße | Und heute Nach dem Krieg übernahmen die Amerikaner den Gebäudekomplex und etablierten hier zwischenzeitlich die Militärregierung für Bayern und nutzten ihn dann als McGraw-Kaserne. Seit dem Abzug der Amerikaner 1992 residiert hier eine Außenstelle des Polizeipräsidiums München. Der Adler wurde nach dem Krieg entfernt. Dessen Silhouette ist heute noch sichtbar.

91 Die Ruhestätten

Der Alte und der Neue Israelitische Friedhof

Der Alte und der Neue Israelitische Friedhof sind ergreifende Zeugen des Aufstiegs der Münchner jüdischen Gemeinde im 19. Jahrhundert und ihres Niedergangs in der Zeit des Nationalsozialismus. In den ersten Jahrzehnten des letzten Jahrhunderts wuchs die jüdische Gemeinde auf 12.000 Mitglieder an. Prominente jüdische Bürger wie Lion Feuchtwanger, Max Reinhardt, Otto Bernheimer und Kurt Eisner gaben dem kulturellen und politischen Leben der Stadt maßgebliche Impulse. Bei Kriegsende 1945 lebten weniger als 100 Juden in München.

Kurz nach der Gründung der Israelitischen Kultusgemeinde München im Jahr 1815 wurde der Alte Israelitische Friedhof an der Thalkirchner Straße, auf dem viele Münchner Persönlichkeiten begraben liegen, eingeweiht. 1908 wurde dieser Friedhof geschlossen und durch den Neuen Israelitischen Friedhof im Münchner Norden ergänzt. Der Alte Friedhof mit seinen rund 6.000 Gräbern ist heute für die Öffentlichkeit überwiegend gesperrt, auch um antisemitischen und rechtsextremen Übergriffen vorzubeugen, wie es sie in der Vergangenheit häufiger gegeben hat.

Der vom Architekten Hans Grässel erbaute Neue Israelitische Friedhof in der Garchinger Straße, hinter einer 1.000 Meter langen, zweieinhalb Meter hohen Mauer verborgen, ist mit seinen zahlreichen Gräbern Münchner Bürger, die der Schoah zum Opfer gefallen sind, ein immerwährendes Zeichen der dramatischen Geschichte der Münchner Juden.

Immer wieder versuchten NS-Behörden, Grabsteine für den Straßenbau zu requirieren und Kultgegenstände zu plündern. Es gelang dem damaligen Friedhofsverwalter Karl Schörghofer, der mit seiner Familie auf dem Friedhofsgelände auch eine Baumschule und eine Gärtnerei betrieb, vielfach, den Abtransport der Grabsteine und Skulpturen zu verhindern. Und: 1944 versteckte er unter Lebensgefahr auf dem Friedhof Juden vor dem Zugriff der Gestapo.

Adresse Alter Israelitischer Friedhof, Thalkirchner Straße 240, 81371 München (Thalkirchen); Neuer Israelitischer Friedhof: Garchinger Straße 37, 80805 München (Freimann) | **Anfahrt** Alter Israelitischer Friedhof: U 3, Haltestelle Brudermühlstraße; Neuer Israelitischer Friedhof: U 6, Haltestelle Alte Heide | **Und heute** Ein Denkmal auf dem Neuen Israelitischen Friedhof erinnert an die Opfer der NS-Diktatur. Seit 1967 wird die Familie Schörghofer in der Gedenkstätte Yad Vashem in Israel geehrt.

92 Der Salon Bruckmann

»Brutstätte des Nationalsozialismus«

Die luxuriöse Wohnung im zweiten Stock des ehemaligen Prinz-Georg-Palais am Karolinenplatz 5, der literarische Salon des Münchner Verlegerehepaars Hugo und Elsa Bruckmann, galt schon seit Jahren als ein gesellschaftlicher Mittelpunkt der Stadt, in dem viele Geistesgrößen der Zeit ein und aus gingen: Oswald Spengler, Rainer Maria Rilke, Hugo von Hofmannsthal, Stefan George.

Als die Bruckmanns den jungen Adolf Hitler 1921 auf einer Parteiveranstaltung im Circus Krone hörten und kennenlernten, waren sie hingerissen von dem »begnadeten Redner«, seinen völkischen und rassistischen Tiraden. Vor allem Elsa Bruckmann suchte die Nähe Hitlers, besuchte ihn nach dem gescheiterten Putsch im Sommer 1924 mehrmals in der Landsberger Festungshaft und lud ihn unmittelbar nach seiner vorzeitigen Haftentlassung am 23. Dezember 1924 in ihren Salon am Karolinenplatz ein. Elsa Bruckmann wurde in den kommenden Jahren zur wichtigsten Förderin und Gönnerin Hitlers, führte ihn in die Münchner Gesellschaft ein, stellte den jungen Hitler wichtigen Industriellen und Bildungsbürgern vor. Darunter waren auch die Berliner Klavierfabrikantengattin Helene Bechstein, die ebenfalls zur begeisterten Gönnerin Hitlers wurde, und Richard Wagners Witwe Cosima. Aber zuvor hatte Elsa Bruckmann ihrem jungen Idol Manieren und Tischsitten beigebracht, ihn modisch eingekleidet, für die feine Münchner Gesellschaft salonfähig gemacht. Und sie bot ihm eine Plattform zur Agitation trotz seines offiziellen Redeverbots. Ihre Gäste waren auch spätere NS-Größen wie Alfred Rosenberg, Baldur von Schirach und Rudolf Heß.

Die Bruckmanns gehörten zu den ersten finanziellen Förderern Hitlers und der NSDAP. Dank einer Bürgschaft Bruckmanns konnte Hitler 1929 sein möbliertes Zimmer in der Thierschstraße 41 verlassen und in die repräsentative Neun-Zimmer-Wohnung am Prinzregentenplatz ziehen, bei deren Einrichtung ihm Elsa Bruckmann half.

Hugo und Elsa Bruckmann

Adresse Karolinenplatz 5, 80333 München (Maxvorstadt) | Anfahrt U 1/2/8, Haltestelle Königsplatz; Tram 39, Bus 92, Haltestelle Karolinenplatz | Und heute Heute ist die Villa Sitz des Sparkassenverbandes Bayern.

93 Die Schellingstraße 78

Die Widerstandsgruppe »Neu Beginnen«

»Mutigen Menschen wie ihnen verdankt München die Ehrenrettung. Nur ihretwegen darf es behaupten, nicht nur ›Hauptstadt der Bewegung‹ gewesen zu sein.« Diese 1987 am Haus Schellingstraße 78 angebrachte Mahntafel wurde 2009 ersetzt durch eine sehr persönliche Gedenktafel, die auf Hermann Frieb und seine Mutter Paula verweist, die hier im zweiten Stock wohnten. Sie bildeten die Münchner Dependance der sozialdemokratischen Widerstandsgruppe »Neu Beginnen« und waren seit Mitte 1933 deren wichtigste Verbindungsmitglieder zur Exil-SPD in der Tschechoslowakei, deren Ansprechpartner der SPD-Politiker Waldemar von Knoeringen war. Im Herbst 1933 war im Exil die Schrift »Neu Beginnen!« erschienen, ein programmatisches Grundlagenpapier für ein sozialistisches Deutschland nach dem Hitler-Faschismus.

Hermann Frieb, der bereits als Student der Volkswirtschaft an der Uni München der sozialistischen Studentengruppe vorstand und jetzt als Steuerberater arbeitete, koordinierte gemeinsam mit seiner Mutter Paula und Gleichgesinnten den Widerstand und hielt Kontakt zu anderen Münchner Gruppen. Meistens traf man sich im Neuen Botanischen Garten zu konspirativen Besprechungen, durch die Anwesenheit der Ehefrauen als Ausflüge getarnt. Denn die Gestapo war den Männern und Frauen stets auf der Spur. Ab 1939 entschied sich die Gruppe zum aktiven Widerstand. Man plante Anschläge auf kriegswichtige Eisenbahnverbindungen wie die Strecke Deutschland–Italien, legte Waffendepots an und verfasste programmatische Schriften für die Zeit nach dem Zusammenbruch des Regimes.

Im Frühjahr 1942 wurde die Hermann-Frieb-Gruppe zerschlagen, Frieb und weitere 24 Mitglieder der Münchner Sektion von der Gestapo verhaftet. Am 27. Mai 1943 wurden Frieb und acht Genossen wegen »Vorbereitung zum Hochverrat« zum Tode verurteilt und am 12. August 1943 in Stadelheim hingerichtet. Paula Frieb wurde zu zwölf Jahren Zuchthaus verurteilt.

Hitler redet vom Frieden
und rüstet zum Krieg!
Soll es wieder Millionen Tote geben?
Soll Deutschland verwüstet werden?
Sichert den Frieden!
Macht Schluß mit der Hitlerei!
FREIHEIT

Habt Mut!
Sprecht frei und offen!
Der Terror wird gebrochen!
Freiheit!

Nur Hitlers Sturz
schafft Freiheit und
Brot!
FREIHEIT

Wir Bauern schenkten Hitler
Vertrauen
Dafür hat er uns übers Ohr
gehauen!
Freiheit!

Es hamstern die Reichen,
Sie wissen, warum.
Die kleinen Leute aber?
Bleiben sie dumm?

Heimliche Aufrufe zum Widerstand

Adresse Schellingstraße 78, 80799 München (Maxvorstadt) | Anfahrt U 1/2/8, Haltestelle Theresienstraße; Bus 153/154, Haltestelle Arcisstraße | Und heute Eine Gedenktafel am Haus Schellingstraße 78 erinnert an Hermann und Paula Frieb. Nach Hermann Frieb wurde die Realschule in der Hohenzollernstraße 140 sowie eine Straße am Harthof benannt.

94 Das Schloss

Der SS-Brigadeführer ließ die Puppen tanzen

Die Nationalsozialisten entdeckten das repräsentative Nymphenburg schnell für sich. Nazigrößen wie Rudolf Heß, der selbst lange in der Borstei gewohnt hatte, oder Oberbürgermeister Karl Fiehler feierten in den pompösen Räumlichkeiten große Sommerfeste und gaben protzige Empfänge. Niemand aber okkupierte das Nymphenburger Schloss so hartnäckig wie der einstige Pferdepfleger und Saaldiener Christian Weber, der es als Duzfreund Adolf Hitlers aus Landsberger Festungshafttagen zum NSDAP-Fraktionsvorsitzenden und Wirtschaftsreferenten des 1933 gleichgeschalteten Münchner Stadtrats gebracht hatte. Diesem stand er nach dem »Führerprinzip« vor: von den Menschen gefürchtet, herrisch, korrupt und skrupellos. Der zwei Zentner schwere Berserker, der selbst in die Münchner Residenz zog, herrschte auch in Nymphenburg ganz nach Belieben. Gegen alle Proteste realisierte der Jagdnarr im Schloss das »Deutsche Jagdmuseum« als sein Prestigeobjekt, ließ Teile der Anlage abreißen und umbauen.

Vor allem aber organisierte der SS-Brigadeführer und Präsident des »Rennvereins München Riem« die sogenannte »Nacht der Amazonen« als krönenden Abschluss der Riemer Rennwoche in Anlehnung an ein rauschendes Fest, das Kurfürst Max Emanuel von Bayern 1722 erstmals inszeniert hatte. Aber die »Nacht der Amazonen« der Münchner Nazi-Bonzen sollte natürlich das Vorbild weit übertreffen.

Mehr als 2.000 Mitwirkende in Kostümen des Rokoko, 700 geschmückte Pferde, Reiterspiele, Tänzer und Pantomimen wurden im Schlosspark aufgeboten, alles illuminiert mit Tiefstrahlern und in geheimnisvolles Licht getaucht durch Tausende Fackeln. Und als Höhepunkt präsentierten sich vor den 15.000 Zuschauer fassenden Tribünen halb nackte Nymphen und Amazonen, Tänzerinnen des Deutschen Theaters, alle arisch blond, in kriegerischer Attitüde, auf rassigen Hengsten und martialischen Schlachtenwagen.

Die »Nacht der Amazonen«

Adresse Schloss Nymphenburg, 80638 München (Nymphenburg) | **Anfahrt** Tram 12, Bus 42, Haltestelle Romanplatz; Tram 17, Bus 51, Haltestelle Schloss Nymphenburg | **Und heute** Schloss Nymphenburg ist unvermindert eine der größten Münchner Touristenattraktionen.

95 Die SS-Kaserne

Eine Festung für die Waffen-SS

Nach dem sogenannten Röhm-Putsch mit der Liquidierung der SA-Führung und der damit einhergegangenen Entmachtung der SA vergrößerte sich die Herrschaft der SS ungebremst. Letztere war in München zum persönlichen Schutz Hitlers gegründet worden und konnte jeden Gegner des NS-Regimes willkürlich in »Schutzhaft« nehmen sowie zeitlich unbegrenzt ins Konzentrationslager deportieren. Die Verbindung von SS, Polizei und Gestapo gab dem »Reichsführer-SS und Chef der Deutschen Polizei« Heinrich Himmler eine Machtfülle, die er für seinen »Germanischen Orden« auch baulich umgesetzt sehen wollte.

Einer der Lieblingsarchitekten des Hitler-Adlatus und Generalbaurats der »Hauptstadt der Bewegung« Hermann Giesler war der Architekt Oswald Bieber, der schon das »Haus des Deutschen Rechts« am Ende der Ludwigstraße vor dem Siegestor gebaut hatte. 1934 erhielt Bieber den Auftrag zum Bau der Kaserne der »SS-Standarte Deutschland« in Freimann, der militärischen Abteilung der SS, eine der beiden Hitler direkt unterstellten sogenannten Verfügungstruppen. Es waren kasernierte Kampfverbände einer »Parteiarmee«, die ab 1940 Teil der Waffen-SS wurden und schließlich die NS-Vernichtungspolitik exekutierten.

Am 7. November 1935 fand in Anwesenheit Heinrich Himmlers das Richtfest mit einem Schwur auf Hitler der schwarz uniformierten Männer statt. 1938 ging die neue SS-Kaserne in Betrieb, angelegt für »Jahrhunderte«. Aber die SS-Kaserne war nicht irgendein beliebiger militärischer Neubau. Sie sollte den nördlichen Eingang zur Stadt München symbolisieren und beherrschen als deutliches Signal, dass München unter der Kontrolle der SS stand. Einer »germanischen Ordensburg« und uneinnehmbaren Festung gleich, vollkommen autark von der Stadt, mit eigenem Kraftwerk und eigenen Versorgungseinrichtungen. Geplant waren ab 1942 weitere kastellartige Kasernenkomplexe im Norden der Stadt.

Rückkehr der Standarte der »SS-Verfügungstruppe Deutschland« am 12. April 1939

Adresse Ingolstädter Straße, Ecke Neuherbergstraße, 80937 München (Freimann) | **Anfahrt** U 1/2, Haltestelle Harthof; Bus 141/170/294/295, Haltestelle Neuherbergstraße | **Und heute** Die Kaserne ist im Besitz der Bundeswehr und heißt nach einer Generalrenovierung seit 1971 nach dem Militärarzt Ernst-von-Bergmann-Kaserne. Sie beherbergt heute die Sanitätsakademie der Bundeswehr.

96__Die Stelen

Am »Platz der Freiheit« hat der Widerstand Gesichter

Der Gedenkstein des im Sommer 2016 am »Platz der Freiheit« in Neuhausen eingeweihten jüngsten Mahnmals für den Widerstand gegen das NS-Regime stand bis 1985 auf dem »Platz der Opfer des Nationalsozialismus« an der Brienner Straße. Als zentrales Mahnmal der Stadt München. Im Zuge der damaligen Neugestaltung des Innenstadtplatzes wurde der Granitblock abgebaut und in Neuhausen platziert. Als Widerstandsdenkmal am Rand des kleinen Platzes an der Kreuzung Landshuter Allee / Leonrodstraße, der bis 1946 Hindenburgplatz hieß. Weitgehend unbeachtet stand er hinter Büschen und ward vergessen. Die Aufschrift: »Den Opfern im Widerstand gegen den Nationalsozialismus«.

Der Münchner Künstler Wolfram Kastner, der schon mit Aktionen wie der Installation einer Brandstelle auf dem Königsplatz zur Erinnerung an die Bücherverbrennung von 1933 oder durch die »Weißen Koffer gegen das Vergessen« vor den Häusern deportierter Juden Aufmerksamkeit erregt hatte, wollte den »Platz der Freiheit« und den individuellen Widerstand, den es auch in München gegeben hatte, ins Gedächtnis zurückrufen. Die Steininschrift allein reichte ihm nicht. Sein Anliegen: dem Widerstand ein Gesicht geben. Porträts und Lebensgeschichten derer zu zeigen, die sich gegen das Regime wehrten, sie zu würdigen und aus der Anonymität und dem Vergessen zu holen.

Auf 13 Stelen werden die unterschiedlichsten Persönlichkeiten vorgestellt, die bislang nicht zu den populären Namen des Widerstandes zählten. Da sind der 19-jährige Walter Klingenbeck, der das Victory-Zeichen an öffentliche Gebäude pinselte, Karl Schörghofer, der Juden vor der Gestapo versteckte, der russische Kriegsgefangene Michail Kondenko, der eine Widerstandsgruppe organisierte, Emma Hutzelmann aus dem katholischen Widerstand, die Regimegegner Sylvia und Max Klar, Otto Kohlhofer und Ludwig Koch, Elfriede Löhr von den Zeugen Jehovas und Josefa Mack, die Briefe ins KZ Dachau schmuggelte.

Adresse Platz der Freiheit, 80634 München (Neuhausen) | **Anfahrt** U 1/2/7, Tram 12, Bus 53, Haltestelle Rotkreuzplatz | **Und heute** Wie schwer sich München mit der Aufarbeitung seiner NS-Vergangenheit tut, zeigt die jahrelange Diskussion um die Installation dieses Widerstandsdenkmals. Man kann nur wünschen, dass es zu einer dauerhaften Einrichtung wird.

97_Das Sterneckerbräu

Hitlers Aufstieg begann in einer Kneipe

Einmal wöchentlich trafen sich die etwa 50 Mitglieder der im Januar 1919 gegründeten rechtsradikalen Deutschen Arbeiterpartei (DAP) in einem angemieteten Hinterzimmer des »Sterneckerbräus« im Tal. Am 12. September 1919 erschien der Gefreite Adolf Hitler in der Rolle des »Armeespitzels« des Aufklärungskommandos der Reichswehr. Er sollte melden, was es mit dieser »Arbeiterpartei« auf sich hatte, stand doch der Abend unter der Überschrift: »Wie und mit welchen Mitteln besiegelt man den Kapitalismus?«

Hitler war begeistert von der antikapitalistischen, antisemitischen und völkischen Stimmung, die er vorfand, meldete sich schon am ersten Abend aggressiv und agitatorisch zu Wort und hinterließ bei den Anwesenden einen nachhaltigen Eindruck. Er trat schon wenige Tage nach seinem Auftritt der DAP bei und setzte sich, vor allem mit Unterstützung der rechtsgerichteten »Thule-Gesellschaft«, der zahlreiche einflussreiche Münchner Geschäftsleute angehörten, an deren Spitze. Am 22. Dezember 1919 wurde das sogenannte »Reichsratszimmer« zum Parteilokal, das zur Keimzelle der »Hauptstadt der Bewegung« werden sollte. Mit der steigenden Zahl der Parteimitglieder zog die Geschäftsstelle Anfang 1920 in das geräumigere Gasthaus Cornelius in der Corneliusstraße 12 um. Aber das Sterneckerbräu wurde von Hitler nie vergessen und schließlich als Gründungsstätte verklärt.

Immer wenn die NS-Prominenz in Erinnerung an den Hitlerputsch von 1923 am 9. November ihren martialischen Marsch vom Bürgerbräukeller zur Feldherrnhalle antrat, wurde vor dem Sterneckerbräu eine Gedenkminute eingelegt. Am 8. November 1933 eröffnete Hitler höchstpersönlich im Sterneckerbräu das sogenannte »Parteigründungsmuseum«. Im Zentrum: das Gedenkzimmer der »Alten Kämpfer«, das zu einer Wallfahrtsstätte der Nationalsozialisten und zu einer Touristenattraktion wurde, die auch ausländische Staatsgäste besuchen mussten.

Das »Gründungszimmer« der Partei

Adresse Tal 38, Ecke Sterneckerstraße, 80331 München (Altstadt) | **Anfahrt** U 3/6, Haltestelle Marienplatz; S 1/2/3/4/6/7/8, Haltestelle Isartor | **Und heute** Das Gebäude wurde im Krieg weitgehend zerstört. An der Stelle des alten Sterneckerbräus steht heute ein Geschäftshaus.

98 Die St. Georgskirche

Pater Delp und der »Kreisauer Kreis«

Im kleinen, unmittelbar an die spätbarocke Dorfkirche Sankt Georg in Bogenhausen angrenzenden Pfarrhaus wurde ein eindrückliches Stück deutscher Widerstandsgeschichte gegen den Naziterror geschrieben. Hier wirkte seit 1941 der 1907 in Mannheim geborene und 1937 durch Michael Kardinal Faulhaber in Sankt Michael in München zum Priester geweihte Jesuitenpater Alfred Delp als Seelsorger und Kirchenrektor. Am 28. Juli 1944 wurde er nach der Frühmesse von der Kanzel weg verhaftet, ins berüchtigte Wittelsbacher Palais der Gestapo gebracht, nach Berlin überstellt, gefoltert, malträtiert und schließlich, begleitet von niederträchtigen Hasstiraden gegen alles Geistliche und vor allem Jesuitische, vom »Volksgerichtshof« des Nazirichters Roland Freisler zum Tode verurteilt. In den Morgenstunden des 2. Februar 1945 wurde Pater Delp im Gefängnis Berlin-Plötzensee gehängt.

Pater Alfred Delp war seit 1939 in München als Seelsorger tätig, arbeitete im Zentrum der Jesuiten in der Kaulbachstraße 31a und gehörte zur Redaktion der Jesuitenzeitschrift »Stimmen der Welt«. Diese wurde wenige Monate später von der Gestapo verboten, das Redaktionsgebäude konfisziert. Über den Münchner Leiter des Jesuitenordens Augustinus Rösch begannen die Kontakte zur Widerstandsgruppe »Kreisauer Kreis« des Helmuth James Graf von Moltke, dem Pater Delp schließlich als Vertreter der christlichen Soziallehre angehörte. Bei den konspirativen Treffen des Kreisauer Kreises im Jesuitenkolleg war es Aufgabe von Pater Delp, konkrete Szenarien für eine sozial gerechte Gesellschaft nach Hitler zu konzipieren. Nach dem gescheiterten Attentat auf Adolf Hitler am 20. Juli 1944 wurde von der Gestapo auch der Kreisauer Kreis aufgedeckt, deren Mitglieder verhaftet und nahezu allesamt hingerichtet. Die Nazis boten dem nicht unmittelbar am Attentat beteiligten Pater Delp einen Überlebenshandel an: »Freilassung gegen Ordensaustritt«. Pater Delp lehnte ab.

Adresse Bogenhauser Kirchplatz 1, 81675 München (Bogenhausen) | **Anfahrt** Tram 17, Bus 54/154/187, Haltestelle Mauerkircherstraße; Tram 18, Haltestelle Sternwartstraße | **Und heute** Die Grabstätte von Pater Delp befindet sich an der Außenseite von Sankt Georg. An der Neuberghauser Straße steht das 1981 eingeweihte Denkmal »Drei Männer im Feuerofen«. Am Berchmanskolleg, der katholischen Hochschule für Philosophie in der Kaulbachstraße 31a, erinnert eine Tafel an den jesuitischen Widerstand und den des Kreisauer Kreises.

99 Die Stielerschule

Im Trümmerschutt nach Blindgängern suchen

Die Befehle waren zynisch, dreckig und gnadenlos. Da wurde den im KZ Dachau internierten Häftlingen vorgegaukelt, sie könnten ihre erbarmungslose Situation verbessern, indem sie sich zu einem freiwilligen Sonderkommando in der Stadt München meldeten. Zum Entschärfen von nicht explodierten Bomben und Zündern der US-amerikanischen und britischen Luftangriffe auf die Stadt und ihre Außenbezirke. Den 100 rekrutierten Häftlingen, durch Sprengmeister notdürftig instruiert, wurde in Aussicht gestellt, nach jeweils zehn gesicherten und entschärften Bomben nicht mehr zurück ins KZ zu müssen.

Aber keiner der Häftlinge wurde je wieder in die Freiheit entlassen, viele wurden von den tödlichen Sprengkörpern bei der Explosion zerrissen, starben qualvoll, täglich über ein Dutzend. Die Hundertschaft, die täglich vom Schulhof der Stielerstraße zu ihren lebensgefährlichen Missionen ausrückte, wurde nach »Todesfällen« ständig durch neue Lagerinsassen aus Dachau ersetzt und »aufgestockt«. Das »Himmelfahrtskommando« zwischen Leben und Tod, so nannten die Lagerinsassen das »Entschärfungskommando«, wurde vom Luftabschnittskommando Süd in Zusammenarbeit mit der Münchner Polizei organisiert.

Interniert war die sogenannte »Dachauer Hundertschaft« von Juli 1944 bis April 1945 im Turnsaal der Stielerschule am Bavariaring nahe der Theresienwiese, streng bewacht von SS-Einheiten. Das Schulgebäude, 1897 von Carl Hocheder entworfen und 1900 anlässlich der Pariser Weltausstellung »als schönste und zweckmäßigste Schule der Welt« ausgezeichnet, war zu einem Außenlager des Konzentrationslagers Dachau umfunktioniert worden. Wenn die Häftlinge unter Einsatz ihres Lebens den Trümmerschutt nach Blindgängern und Langzeitzündern durchsuchten, die Sprengsätze bargen und entschärften, blieben ihre Bewacher jeweils auf sicherer Distanz.

Häftlinge aus dem KZ Dachau bei der Blindgängerbeseitigung

Adresse Stielerstraße 6, 80336 München (Isarvorstadt) | Anfahrt U 3/6, Haltestelle Goetheplatz oder Poccistraße | Und heute Eine 1989 am Eingang der Schule angebrachte steinerne Gedenktafel des Münchner Bildhauers Karl Oppenrieder erinnert an das hier internierte Bombensuchkommando des KZ Dachau.

100 Das Studiengebäude

Hitler plante ein komplett neues München

Mit dem Bau des sogenannten »Neuen Studiengebäudes« an der Südostecke des Bayerischen Nationalmuseums im Jahr 1937 durch den von Hitler hochgeschätzten Architekten German Bestelmeyer sollte nach dem Willen des »Führers« Ernst gemacht werden mit den Plänen für den gigantischen stadtplanerischen Umbau der »Hauptstadt der Bewegung«. Dazu gehörte die rigorose Erweiterung der Von-der-Tann-Straße zum Haus der Kunst hin, aber auch die Einebnung des Gartenforums vor dem Nationalmuseum, wozu auch der Hubertus-Brunnen abgebaut werden musste, der nach dem Krieg ans östliche Ende des Nymphenburger Kanals versetzt wurde. Das zweistöckige »Neue Studiengebäude« stand unter der Leitung des von Hitler 1938 zum Professor und »Generalbaurat« ernannten Architekten Hermann Giesler. Es wurde das »Generalbauamt« für die gigantische Umgestaltung der Stadt. Und es diente den Nazis als Depot für über 500 aus jüdischen Privatsammlungen geplünderte Kunstobjekte. Wie in nahezu allen privaten und öffentlichen Bereichen wurde der NS-Wahnsinn auch in diesem Fall mit dem Gesetz zur »Neugestaltung deutscher Städte« kurzerhand auf eine »legale« Grundlage gestellt, die es erlaubte, historische Bausubstanz abzureißen sowie Denkmal- und Ensembleschutz außer Kraft zu setzen.

Im Erdgeschoss entwickelten Giesler und seine 70 Mitarbeiter in Entwürfen und Modellen die neue »Hauptstadt der Bewegung«, die Anfang der 1950er Jahre fertiggestellt sein sollte, aber durch Krieg und Befreiung nur in Ansätzen realisiert werden konnte. Kilometerlange, die Stadt durchziehende Achsen mit monumentalen Bauten waren geplant, 120 Meter breite Paradestraßen, ein neuer Bahnhof mit einer 140 Meter hohen Kuppel, das 200 Meter hohe, silberstahlverkleidete »Denkmal der Bewegung«, die größte Oper der Welt auf dem Gelände des Hofgartens, ein fast 100 Meter hohes Tor zur Innenstadt, ein riesiges Hitler-Mausoleum, Kasernenstädte und Trutzburgen.

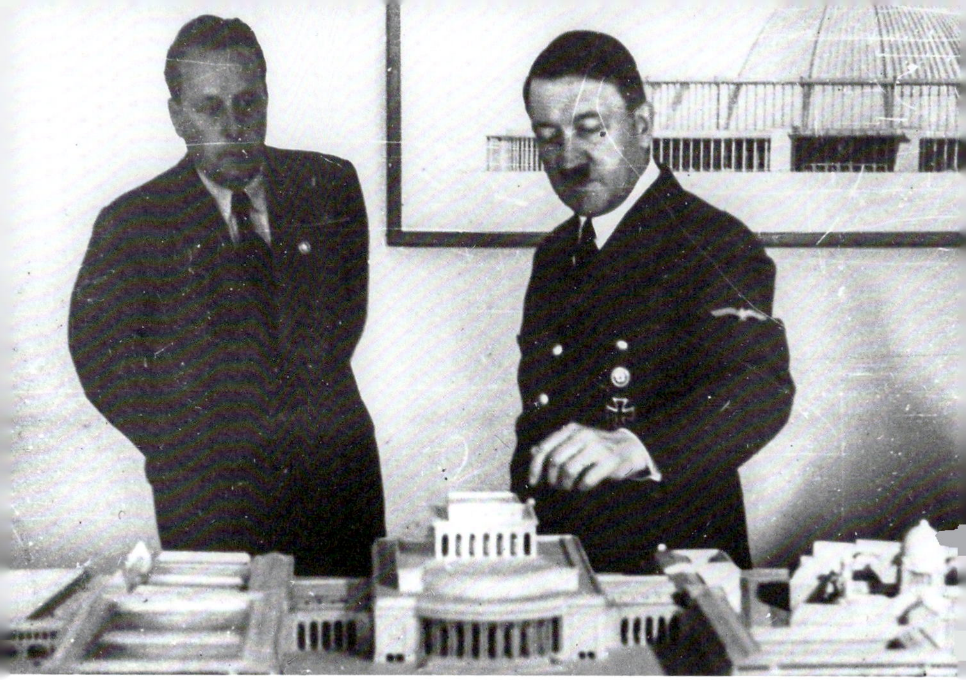

Hitler mit Generalbaurat Heinrich Giesler vor den Umbauplänen der »Hauptstadt der Bewegung«

Adresse Prinzregentenstraße 3, 80538 München (Altstadt-Lehel) | Anfahrt Tram 16, Bus 100 (Museumslinie), Haltestelle Nationalmuseum / Haus der Kunst | Und heute Das »Neue Studiengebäude« ist heute Teil des Bayrischen Nationalmuseums und dessen Sammlung.

101 Die Synagogen

Als die SA auf die Gotteshäuser losgelassen wurde

Die Münchner jüdische Gemeinde war immer wieder von Spannungen zwischen liberalen Reformern und Orthodoxen, die Thora streng auslegenden Glaubensbrüdern, geprägt. Im Zuge der Einweihung der neuen Hauptsynagoge 1888 entbrannte neuerlich ein Streit um die von den Orthodoxen abgelehnte Einführung der Orgel in die Liturgie. Kurzerhand entschieden sich die Orthodoxen für den Bau einer eigenen Synagoge, der Synagoge des Vereins »Ohel Jakob« an der Herzog-Rudolf-Straße, die für 250 Personen ausgelegt war. Dazu gehörte eine Israelitische Volksschule als öffentliche Bekenntnisschule. Beide Gebäude wurden während des Novemberpogroms 1938 durch SA-Männer geplündert, verwüstet und in Brand gesetzt. Die gesamte Inneneinrichtung und sämtliche Thorarollen wurden vernichtet. Die Münchner Feuerwehr versuchte lediglich, die Nebengebäude zu retten und das Feuer nicht überspringen zu lassen. Die Kosten für den Abbruch und Abtransport der Trümmer in Höhe von 15.000 Mark hatte die jüdische Gemeinde zu tragen.

Ebenso entlud sich der Hass der SA-Männer und eines aufgeheizten Mobs auf die Synagoge der ostjüdischen Gemeinde in der Reichenbachstraße, die erst im September 1931 eingeweiht worden war.

Der Neubau war das Gebetshaus osteuropäischer jüdischer Familien, die Ende des 19. Jahrhunderts wegen zahlreicher Pogrome in ihren Heimatländern ausgewandert waren und sich Ende der 1920er Jahre vorwiegend in der Isarvorstadt niederließen, in bürgerlichem Ambiente und nahe der damaligen Nazi-Parteizentrale in der Corneliusstraße. Die mehr als 2.300 Mitglieder der ostjüdischen Gemeinde standen der Glaubensausübung der deutschen Juden eher skeptisch gegenüber, wurden nie richtig heimisch und immer wieder angefeindet. Die SA verwüstete die Innenräume der Synagoge. Da aber die Synagoge im Hinterhof eines größeren Gebäudekomplexes integriert war, blieb sie stehen.

Verwüsteter Innenraum der Synagoge Reichenbachstraße

Adresse Synagoge »Ohel Jakob«, Herzog-Rudolf-Straße 3, 80539 München (Altstadt); Reichenbach-Synagoge: Reichenbachstraße 27, 80469 München (Isarvorstadt) | Anfahrt Synagoge »Ohel Jakob«: Tram 19, Haltestelle Kammerspiele; Reichenbach-Synagoge: U 1/2/7, Haltestelle Fraunhoferstraße | Und heute Die weitgehend unzerstörte Reichenbach-Synagoge konnte unmittelbar nach dem Krieg unter dem Schutz der Amerikaner renoviert und als erste Synagoge in Deutschland wieder eingeweiht werden. An die Synagoge »Ohel Jakob« erinnert heute eine schwer auszumachende Tafel an der Hauswand.

102 Die Thierschstraße 41

Hitler war Mieter im Haus des Juden Hugo Erlanger

In München gab der arbeitslose Adolf Hitler als Beruf stets »Schriftsteller« an. So wurde dem 30-jährigen Weltkriegssoldaten vom Wohnungsamt der Stadt am 1. April 1920 ein Zimmer in der Thierschstraße 41 zugewiesen, mit Frühstück. Das Zimmer: schmal geschnitten, eng und schlicht möbliert, ein Stuhl, ein Tisch, ein Regal. Alles komfortabler als das Leben in der Kaserne in der Lothstraße 29, die er zu räumen hatte. Fast zehn Jahre lang sollte Hitler in dem Zimmer im ersten Stock zur Thierschstraße hin wohnen, also auch noch viele Jahre nachdem er durch den Putschversuch von 1923 und die Festungshaft in Landsberg zum prominentesten Nationalsozialisten Münchens geworden war. Hitler hing an diesem Domizil, auch als er längst ausstaffiert war mit Privatsekretär und Chauffeur, eine Mercedes-Limousine fuhr und bereits ein Haus am Obersalzberg gemietet hatte.

Es schien Hitler auch nicht zu stören, dass die Thierschstraße 41 bereits 1921 verkauft wurde und in den Besitz des jüdischen Textilkaufmanns Hugo Erlanger überging, der bereits einen Laden im Erdgeschoss betrieb und nun selbst mit seiner Frau in den zweiten Stock zog. Selbst als Hitlers Wohnung – er hatte noch ein Zimmer hinzugemietet – zu einem belebten »Nazi-Nest« geworden war. Der jüdische Hausbesitzer Erlanger und sein Mieter Hitler begegneten sich häufig im Hausflur und gingen anscheinend höflich miteinander um.

Nach der »Machtergreifung« der Nazis erwirkte die Stadt München 1934 eine Zwangsversteigerung des Erlanger-Hauses und erwarb es selbst. Schnell wurde es zur Kultstätte umfunktioniert und Teil der Führerverehrung. Getilgt wurde das Wissen, dass Hitler jahrelang bei einem Juden gewohnt hatte. Nun prangte eine Gedenkplakette über dem Portal: »In diesem Haus wohnte Adolf Hitler vom 1. Mai 1920 bis zum 5. Oktober 1929«. Erlanger selbst – kurzfristig im KZ Dachau, dann zur Zwangsarbeit verpflichtet – überlebte den Holocaust nur, weil er mit einer Nichtjüdin verheiratet war.

Seit 1933 mit Gedenktafel: »In diesem Haus wohnte Adolf Hitler vom 1. Mai 1920 bis 5. Oktober 1929«

Adresse Thierschstraße 24, 80538 München (Lehel) | **Anfahrt** Tram 16/18/19, Bus 94, Haltestelle Maxmonument | **Und heute** Das Gebäude ist nach wie vor ein Wohnhaus. Die über dem Portal und der ehemaligen Wohnung Hitlers in eine Nische eingelassene Madonna überstand die Nazi-Zeit und den Krieg. Hitler kam im Mai 1913 auf der Flucht vor den österreichischen Militärbehörden erstmals nach München und wohnte bis zum Einzug zum Militär im August 1914 zur Untermiete in der Schleißheimer Straße 34.

103 Der Todesmarsch

KZ-Terror bis zuletzt

Auf schmalem Betonsockel montiert, schleppt sich eine in Bronze gegossene Gruppe Menschen, dicht gedrängt, nach vorn gebeugt, mit letzter Kraft dahin. Halb verhungert, mit hohlen Augen, kahl geschorenen Köpfen. Der Betrachter spürt ihre unsichtbaren Peiniger, die jeden, den die Beine nicht mehr trugen, schlugen – totschlugen. Rund 7.000 noch lebende Häftlinge aus dem Konzentrationslager Dachau wurden in den letzten Kriegstagen im April 1945 von den SS-Wachmannschaften auf einen Marsch ins Ungewisse getrieben, damit sie nicht den heranrückenden alliierten Befreiern als menschliche Zeugen des Grauens in die Hände fielen. Der Todesmarsch wurde erst am 2. Mai von US-amerikanischen Soldaten unweit des Tegernsees gestoppt, mehr als 3.000 Häftlinge waren umgekommen oder bestialisch ermordet worden.

Die SS-Schergen mit ihren Kampfhunden trieben die schwachen, meist unterernährten Menschen durch die Münchner Außenbezirke, entlang der Würm in Richtung Süden, überwiegend nachts, aus Angst davor, von alliierten Fliegern entdeckt zu werden. Auch durch die Gemeinde Allach, wo heute nahe der Freiwilligen Feuerwehr an der Eversbuschstraße eines der Mahnmale steht, die der 1931 geborene, in Pullach bei München lebende Bildhauer Hubertus von Pilgrim im Gedenken an den Todesmarsch in und um München errichtet hat.

Insgesamt besteht das Todesmarsch-Mahnmal aus 23 identischen Gedenkstätten, die der Künstler seit 1985 auf Initiative der Gemeinde Gauting errichtet hat. Weitere stehen in Obermenzing, nördlich des Blutenburger Weihers, in Pasing, Gräfelfing, Krailling und Planegg.

Zahlreiche Gemeinden hatten sich lange geweigert, den Leidensweg der Häftlingskolonne auf diese Weise zu dokumentieren. Durch Mahnmale, die die menschlichen Grausamkeiten und das Leiden der Opfer in ihrer unmittelbaren Nachbarschaft für immer benennen würden.

Menschen quälen bis zum Schluss

Adresse Eversbuschstraße, Ecke Höcherstraße, 80999 München (Allach) | Anfahrt Bus 163, Haltestelle Eversbuschstraße | Und heute Ein Exemplar des Mahnmals von Hubertus von Pilgrim steht in der Holocaust-Gedenkstätte Yad Vashem in Jerusalem.

104 Das Torbräu

22 Männer schworen sich »Treue bis in den Tod«

Das perfideste und grausamste Terrorregime innerhalb der NS-Diktatur war die sogenannte »Schutzstaffel« der NSDAP, die SS mit Totenkopf an der Mütze, Runen, schwarzen Uniformen, einer pseudoreligiösen Sekte gleich, die Geheimdienste, Gestapo und Polizei kontrollierte, die Konzentrationslager und die Reichskanzlei bewachte. Sie trug Verantwortung für grausamste Verbrechen des »apokalyptischen Rassenwahns«, für den Tod von Millionen Menschen. An der Spitze der Verbrecherorganisation standen die Münchner Reinhard Heydrich als SS-Obergruppenführer und Heinrich Himmler als Reichsführer-SS, zwei Adolf Hitler treu ergebene Paladine, die dem »Führer« ewige Treue schworen und ihm bedingungslos ergeben waren.

Heinrich Himmler, aus gutbürgerlichem Haus, aufgewachsen in der Amalienstraße der Maxvorstadt, der sein Abitur auf dem humanistischen Wilhelmsgymnasium absolvierte, während sein Vater Direktor des Wittelsbacher Gymnasiums war, war früh besessen von völkischen Phantasien und einem tiefen Antisemitismus, als sich eine Gruppe junger Männer im Hotel Torbräu im Tal traf. Im Keller des Etablissements, auf der Kegelbahn, gründeten er und einige SA-Kumpane den »Stoßtrupp Hitler«, der als die Urzelle der SS gilt. Und sich anfänglich nur einem Ziel verschrieben hatte: dem Schutz des »Führers«, dem die persönliche Leibgarde »Treue bis in den Tod« schwor. Schon früh trat der Stoßtrupp martialisch auf, in schwarzer Montur. Anfang 1925, nach Putsch und Neugründung der NSDAP, benannte sich der Stoßtrupp, dessen »arische Mitglieder« sich als »Elite« der Partei verstanden, um in »Schutzstaffel SS«. 1929 wurde Heinrich Himmler zum »Reichsführer-SS« ernannt. Der rasante Aufstieg der SS und ihrer Mordmaschine erfolgte nach dem 30. Juni 1934, als SS-Kommandos im Auftrag Hitlers den SA-Führer Ernst Röhm und weitere alte Kampfgenossen wie Gregor Strasser, die jetzt als innerparteiliche Gegner galten, umgebracht hatten.

Gruppe in den ersten SS-Uniformen, November 1925

Adresse Tal 37, 80331 München (Altstadt) | **Anfahrt** S 1/2/3/4/6/7/8, Tram 16/18, Bus 132, Haltestelle Isartor | **Und heute** Nichts erinnert heute an die Gründung der SS im Torbräu, dem ältesten Hotel Münchens, das 1944 durch Bomben nahezu zerstört und nach 1945 wiederaufgebaut wurde.

105 Die Universitäten

Die unterwürfigen Professoren an LMU und TUM

Die Münchner Universitäten waren schon früh Horte rechter und reaktionärer Gesinnung. Bereits 1923 sollen rund 70 Prozent der Studenten der Ludwig-Maximilians-Universität (LMU) den Hitlerputsch unterstützt haben. Die Bücherverbrennung auf dem Königsplatz am 10. Mai 1933 wurde von der Studentenschaft beider Universitäten initiiert. Der 1926 gegründete Deutsche Nationalsozialistische Studentenbund stellte an der LMU seit 1930 den Vorsitzenden des AStA, nach der nationalsozialistischen Machtübernahme erschienen immer häufiger Studenten in SA-Uniformen zu den Vorlesungen.

Völkische und antisemitische Einstellungen und eine Affinität zur NS-Ideologie waren auch unter den Lehrenden verbreitet. Bereits 1923 wurde eine Professur für »Rassenhygiene« eingerichtet, die erste in Deutschland. Zahlreiche Professoren waren Mitglieder im 1929 gegründeten »Kampfbund für deutsche Kultur«, dessen erste öffentliche Veranstaltung im Audimax der LMU stattfand. Ab 1933 gab es an der Uni den Fachbereich »Arische Kulturwissenschaften«. 1933 kam dann das Ende der akademischen Selbstverwaltung mit der Einführung des Führerprinzips. Lehrstühle wurden neu besetzt, der Lehrkörper von jüdischen und sozialdemokratischen Professoren und Dozenten »gesäubert«. Unzählige Doktortitel jüdischer Wissenschaftler und von Regimegegnern wurden aberkannt.

1935 wurde ein eigenes Ordinariat für »Arische Kultur- und Sprachwissenschaft« eingerichtet. Dessen Leiter: Walther Wüst, Dekan der Philosophischen Fakultät und ein Vertrauter Himmlers, der in der Uni gern SS-Uniform trug. 1941 wurde er »Führer-Rektor« der LMU. Wüst war auch Präsident der beim Reichsführer-SS angesiedelten Abteilung »Ahnenerbe«, die den wissenschaftlichen Beweis für die Überlegenheit der arischen Rasse erbringen sollte. Wüsts Pendant an der Technischen Universität München war Lutz Pistor, der die TUM in eine »NS-Musterhochschule« verwandelte, an der schließlich 26 Institute der Rüstungsindustrie zulieferten.

Uni-Präsident und Kurator des »Ahnenerbes« Walther Wüst während eines Vortrags

Adresse Geschwister-Scholl-Platz 1, 80539 München | Anfahrt U 3/6, Haltestelle Universität | Und heute Auf die finstere Vergangenheit der Universitäten weist nichts hin. In der LMU wird allerdings an die Widerstandsgruppe »Weiße Rose« erinnert.

106 Die Versuchsbauten

Wohnungen mit integrierten Bunkern

Das war ein städteplanerischer Versuch der Nationalsozialisten, der Modellcharakter haben und den neuen Wohnungsbau im Sinne der faschistischen Ideologie von Machtdemonstration, Unterwerfung und ständiger Aggressivität prägen sollte. So entstanden zwischen 1942 und 1944 an der Nordseite der Prinzregentenstraße zwischen Wilhelm-Tell- und Brucknerstraße eine Reihe Wohnungen, die zeigen sollten, wie die geplante »Neue Südstadt« mit unzähligen rechteckigen Wohnblöcken entlang einer geraden Straßenachse vom Gasteig und dem dort geplanten Gauzentrum über Giesing und Ramersdorf bis zur Autobahn München–Salzburg aussehen sollte. Dazu kam es nie. Aber die 160 Meter lange bebaute Musterzeile an der Prinzregentenstraße mit rund 150 Wohnungen gibt ein Bild von dem, was von den Nazis angedacht worden war für das Nachkriegs-München, für eine neue Südstadt mit 15.000 Einwohnern.

Optisch besonders markant: Den Blockbauten wurden in den Ecken Hochbunker eingesetzt, Luftschutzbunker, die 1942 natürlich der Kriegssituation geschuldet waren. Sechsgeschossige, übereinanderliegende Bunkerräume mit meterdicken Betonwänden, verbunden durch Wendeltreppen, die auch stärkstem Explosionsdruck standhalten sollten. Die viergeschossigen Bauten mit Erkern und Loggien zur Hofseite hin und Vier-Zimmer-Wohnungen mit einer Deckenhöhe von drei Metern hatten je einen eigenen Bunkerzugang. Der städteplanerische Versuch einer NS-Modellstadt für den Nachkriegswohnungsbau, erstmals erprobt in München. Solche Bunker, von denen es im gesamten Stadtgebiet einige Dutzend gab, hätten auch die geplante Südstadt durchzogen, als sichtbares Zeichen für die Wehrhaftigkeit und stete Kriegsbereitschaft einer militarisierten, im Sinne der Partei gleichgeschalteten Gesellschaft. In Friedenszeiten sollten die Luftschutzräume und Bunker, ausgelegt für 250 Menschen, als Speisekammern genutzt werden.

Adresse Prinzregentenstraße 99–111, 81677 München (Bogenhausen) | **Anfahrt** U 4, Bus 54/100, Haltestelle Prinzregentenplatz | **Und heute** Der Häuserblock zwischen Wilhelm-Tell- und Brucknerstraße ist eine begehrte Wohnanlage. Der vordere Bunker ist der sogenannte »Kunstbunker Tumulka«, in dem seit Mitte der 1990er immer wieder Kunstausstellungen und Events stattfanden.

107 Der Verwaltungsbau

Mehr als acht Millionen Mitglieder der NSDAP

Das bauliche Pendant zum »Führerbau«, in dem sich Hitlers Büro und die Arbeitsräume seiner Stellvertreter befanden, war der rechter Hand des Königsplatzes gelegene, ebenfalls von Hitlers Hofarchitekten Paul Ludwig Troost entworfene »Verwaltungsbau«. Fertiggestellt wurden die Bauten mit ihren streng gegliederten Fassaden und der monumentalen Optik, die Vorbildcharakter für alle folgenden Nazibauten haben sollten, nach Troosts überraschendem Tod 1934 von dessen Ehefrau Gerdy, einer Innenarchitektin, und ihrem Büroleiter Leonhard Gall.

In dem heutigen »Haus der Kulturinstitute« war die Reichsleitung der NSDAP untergebracht. Ursprünglich stand hier bis 1933 eine der nobelsten Adressen Münchens: das Palais Pringsheim des vor den Nazis geflohenen jüdischen Mathematikers Alfred Pringsheim, des Schwiegervaters von Thomas Mann. Das Palais Pringsheim war über viele Jahre hinweg ein wichtiger gesellschaftlicher und kultureller Treffpunkt der Stadt. Nach der »Arisierung« wurde es abgerissen, da es wie andere enteignete Gebäude auch den neuen Monumentalbauten im Weg stand. Eingeweiht wurden die beiden Repräsentationsbauten am 25. September 1937 in Anwesenheit von Hitler und Mussolini.

Der Verwaltungsbau mit zahlreichen Abteilungen sollte bis zum Ende des Regimes 1945 Sitz der Reichsleitung der NSDAP, also der Parteiverwaltung, und des »Reichsschatzmeisters« Franz Xaver Schwarz bleiben. Hier wurden 8,5 Millionen Karteien der Parteimitglieder in eisernen Schränken verwaltet. Der Bau war durch einen 105 Meter langen Tunnel mit dem »Führerbau« verbunden. Unterirdische Gänge gab es auch zu den anderen 68 Parteigebäuden in der Umgebung, in denen 1942 rund 6.000 Menschen für die Partei arbeiteten.

»Verwaltungs-« und »Führerbau« hatten den Krieg überstanden und wurden anfänglich von der amerikanischen Militärregierung als »Central Art Collecting Point« genutzt, als Sammelstelle für NS-Raubkunst.

Mitarbeiter bei der Verwaltung der Mitgliederkartei der NSDAP, März 1937

Adresse Katharina-von-Bora-Straße 10, 80333 München (Maxvorstadt) | **Anfahrt** U 2, Bus 100 (Museumslinie), Haltestelle Königsplatz; Tram 27, Haltestelle Karolinenplatz | **Und heute** Der Verwaltungsbau ist heute das Haus der Kulturinstitute mit dem Museum für Abgüsse klassischer Bildwerke, der Staatlichen Graphischen Sammlung, den Instituten für Ägyptologie und Klassische Archäologie der Ludwig-Maximilians-Universität und dem Zentralinstitut für Kunstgeschichte.

108 Das »Vier Jahreszeiten«

Im Luxushotel logierte der völkische Geheimbund

Viel Okkultes, Esoterisches und deutsch-national Mystisches hatten die Nazis von der 1918 gegründeten rechtsradikalen Thule-Gesellschaft, die sich nach dem Sturz der Monarchie als gegenrevolutionäre Kraft verstand, übernommen. Ihren Sitz hatte die Gesellschaft im renommierten Hotel »Vier Jahreszeiten« in der Maximilianstraße. Auch das im Laufe des Jahres 1922 entwickelte Hakenkreuz stammte aus einem Logo der Thule-Gesellschaft und ihrer antijüdischen Vorgängerorganisation »Germanenorden«. Ebenso hatte der Gruß »Sieg Heil« hier seinen Ursprung. Die Thule-Gesellschaft stand Pate bei der Gründung der DAP, über die schließlich Hitler Zugang zu dem Geheimbund bekam. 1920 hatte die Gesellschaft deutschlandweit 1.500 Mitglieder, in München zählte die elitäre Vereinigung 250 Mitglieder. Aus ihrem antisemitischen Presseorgan »Münchener Beobachter«, das im Hotel seine Redaktion hatte, wurde nach dem Verkauf an die NSDAP der »Völkische Beobachter«. Der Kampfbund der Thule-Gesellschaft, das »Freikorps Oberland«, beteiligte sich an der Niederschlagung der Münchner Räterepublik und dem Hitlerputsch. Auch die Brüder Walterspiel, Besitzer des Hotels »Vier Jahreszeiten«, gehörten dem Bund an.

Die Thule-Gesellschaft, die sich nach außen als seriöse Studiengruppe für germanisches Altertum gerierte, war in Wirklichkeit ein rechtsradikaler, arisch-germanischer Bund mit einer kruden völkisch-nationalen Blut-und-Boden-Ideologie, einer rassistischen Gesinnung und einem ausgeprägten Judenhass. Zu ihren Mitgliedern zählten angesehene Persönlichkeiten der Münchner Gesellschaft, Adelige und Industrielle. Bedeutende Mitglieder der Thule-Gesellschaft wurden später auch entscheidende Nazi-Funktionäre. Rudolf Heß, Hans Frank, Wilhelm Frick, Dietrich Eckart, Julius Streicher, Alfred Rosenberg und Münchens NS-Oberbürgermeister Karl Fiehler. Auch der Mörder Kurt Eisners, Anton Graf von Arco auf Valley, war Mitglied der Thule-Gesellschaft, die 1932 aufgelöst wurde.

Wir erfüllen hiermit die traurige Pflicht, bekanntzugeben, daß unsere Mitglieder

Walter Nauhaus aus München
Baron Teuckert aus Regensburg
Friedrich Wilhelm von Seidlitz aus München
Walter Deike aus München
Gräfin Hella von Westarp aus München
Anton Daumenlang aus München
Karl Stecher aus München

dem politischen Meuchelmord zum Opfer gefallen sind.
Auch sie starben fürs Vaterland.

Thule Gesellschaft.

Todesanzeige der Thule-Gesellschaft für ihre im Luitpold-Gymnasium erschossenen Mitglieder vom 8.5.1919

Adresse Maximilianstraße 17, 80539 München (Innenstadt) | **Anfahrt** U 3/4/5/6, Haltestelle Odeonsplatz; U 3/6, Haltestelle Marienplatz; Tram 19/39, Haltestelle Nationaltheater | **Und heute** Das »Vier Jahreszeiten« ist bis heute eine der vornehmsten Hoteladressen Münchens.

109 Der »Wanderdienst«

»Asoziale« wurden erfasst und weggesperrt

Schon der aus der Weimarer Zeit stammende Terminus »Wanderdienst« ist pervers, das sich dahinter verbergende Handeln der Nationalsozialisten ein Verbrechen. Und dieses Denken und Tun kulminierte in der noblen Gründerzeitvilla in der Widenmayerstraße 2, von wo aus der Kampf gegen alle »Asozialen« organisiert wurde.

War in der Weimarer Republik jede Kommune verpflichtet, Obdachlose zu versorgen, so begegneten die Nazis ab 1933 der »Bettlerplage« auf ihre Weise. Alarich Seidler, Sohn eines Kunstprofessors und seit 1922 Mitglied der NSDAP, SA-Führer und Gauamtsleiter der »Nationalsozialistischen Volkswohlfahrt«, gründete 1934 den »Bayerischen Landesverband für Wander- und Heimatdienst«, wurde dessen Vorsitzender und residierte bis 1945 in der Widenmayerstraße. Zweck des Vereins war die gnadenlose Verfolgung von »Asozialen«. Und dazu gehörten Obdachlose, Landstreicher, Bettler, Alkoholkranke, Sinti und Roma. »Wanderer«, wie die wohnungslos lebenden Menschen genannt wurden, egal, worauf ihre soziale Notlage fußte.

Schon 1933 gab es Großrazzien und Verhaftungswellen gegen »Asoziale und Arbeitsscheue« in Nachtasylen, unter Brücken, in Notunterkünften. Zehntausende wurden verhaftet und in sogenannte »Zwangsfürsorgeeinrichtungen« eingewiesen, in Gefängnisse, als arbeitsscheu eingestuft in sogenannte »Arbeitshäuser« und schließlich in die Konzentrationslager gebracht. Ohne jede Rechte, ohne zeitliches Limit, »solange es der Zweck erforderte«. Versehen mit einem »schwarzen Winkel«. Die Propaganda: Bettler lebten in Deutschland besser als »anständige Arbeiter«. Sie galten als »minderwertig«, waren mit der Akzeptanz von Ärzteschaft, Justiz und Forschung der »Rassenhygiene« unterworfen. Wer aufgegriffen wurde, hatte nach der Lesart der Nazis »keine Existenz- und Lebensberechtigung« in der »Volksgemeinschaft«, sollte sich nicht fortpflanzen und gehörte »ausgemerzt«.

Ausgestoßen aus der »Volksgemeinschaft«

Adresse Widenmayerstraße 2, 80538 München (Lehel) | **Anfahrt** U 4/5, Tram 16, Haltestelle Lehel; Tram 16/19, Haltestelle Maxmonument | **Und heute** Die Widenmayerstraße 2 ist heute ein Wohnhaus. Einen Hinweis auf den »Wanderdienst« gibt es nicht.

110 Das Wittelsbacher Palais

Die Gestapo-Zentrale inmitten der Stadt

In bester Lage stand es, da, wo die Münchner Bürger flanierten, im eleganten Café Leopold unter Palmen auf dem Boulevard sitzend ihren Irish Coffee tranken – und wo sie, wenn die städtischen Geräusche abebbten, die Schreie der Gequälten aus dem nahen Palais vernehmen konnten. In dem riesigen Komplex, in dem heute die Bayerische Landesbank residiert, befand sich einst die berüchtigte und gefürchtete Münchner Gestapo-Zentrale. Hier wurden Tausende willkürlich Verhafteter in den Kerkern verhört, malträtiert und gefoltert, bevor sie der Justiz übergeben, ins KZ Dachau deportiert oder in der Justizvollzugsanstalt Stadelheim ermordet wurden.

Das zwischen 1848 von Friedrich von Gärtner im englisch-gotischen Stil erbaute Wittelsbacher Palais war 20 Jahre lang Alterssitz von König Ludwig I. und schließlich von 1887 bis zu seiner Vertreibung 1918 Wohnresidenz Ludwigs III. Nach dem Ersten Weltkrieg war der mächtige Bau Tagungsort des Aktionsausschusses der Münchner Räterepublik und schließlich Sitz der Räteregierung. Hier wurde am 5. April 1919 von den Vertretern der SPD und USPD, dem Bayerischen Bauernbund und den Arbeiterräten die Ausrufung der Räterepublik beschlossen.

Nach der Machtübernahme der Nazis kam das Grauen über den roten Backsteinbau, den die Münchner auch »Rotes Palais« nannten. Im Herbst 1933 zog die Bayerische Politische Polizei unter Leitung Reinhard Heydrichs ein und funktionierte es um zum Hauptquartier der Gestapo. 1934 schließlich entstand im Hof das gefürchtete Gestapo-Gefängnis, der Inbegriff des NS-Terrors inmitten der Stadt. Hier wurden auch die Todeslisten für die Deportationen der Münchner Juden in die Konzentrationslager erstellt.

Das 1944 durch alliierte Luftangriffe stark beschädigte Palais wurde erst 1964 endgültig abgerissen. Eigentlich erinnern nur noch die beiden links und rechts des Eingangs zur Landesbank sitzenden steinernen Löwen an das alte Bauwerk.

Ab Ende 1933 herrschten hier die »Bayerische Politische Polizei« und die »Gestapo«

Adresse Brienner Straße 18, Ecke Türkenstraße, 80333 München (Innenstadt) | **Anfahrt** U 3/4/5/6, Haltestelle Odeonsplatz; Tram 27/28, Haltestelle Karolinenplatz; Bus 100/150, Haltestelle Oskar-von Miller-Ring | **Und heute** Eine eher unscheinbare Bronzetafel an der Hausecke Brienner Straße und Türkenstraße erinnert an das mächtige Stadtpalais, aber vor allem an eines der dunkelsten Kapitel der Münchner Geschichte.

111 Das Zentralministerium

Die blutige Rache des Gauleiters

Platz geschaffen wurde für diesen riesigen, Macht demonstrierenden viergeschossigen Gebäudeblock durch den rigorosen Abriss teilweise zwangsenteigneter älterer Häuser, die der Verbreiterung der Von-der-Tann-Straße hin zur Prinzregentenstraße im Weg standen. Von 1938 bis 1940, geplant vom Architekten Fritz Gablonsky, der auch das Prinz-Carl-Palais zum Gästehaus der NSDAP umgebaut hatte, entstand das sich an die klassizistischen Bauten der Ludwigstraße anlehnende Gebäude mit Innenhöfen, Brunnen und Arkaden sowie einer Öffnung zur Galeriestraße hin, wo laut NS-Planung ein riesiges Opernhaus im Hofgarten entstehen sollte.

Im Zentralministerium der Landesregierung, ausgestattet mit einem 260 Quadratmeter großen Tiefbunker, residierten die Ministerien der gleichgeschalteten bayerischen Landesregierung. Gleichzeitig war es Sitz der Gauleitung. Seit 1942 hatte der fanatische Gauleiter Paul Giesler, dessen Kommandozentrale sich im ersten Obergeschoss Ecke Ludwig- und Galeriestraße befand, alle Partei- und Regierungsämter auf seine Person vereint. Als der »Alleinherrscher Bayerns«, der privat in der Kaulbachvilla residierte, beim Heranrücken der Amerikaner den Befehl gab, Münchens gesamte Infrastruktur vor dem Eintreffen der Amerikaner zu zerstören, trat die sogenannte »Freiheitsaktion Bayern«, Soldaten und Offiziere der Luftnachrichtenkaserne Saarstraße, auf den Plan. Am 28. April 1945 versuchten sie, das Zentralministerium zu besetzen, Giesler zu verhaften und München kampflos den Amerikanern zu übergeben.

Die Aktion scheiterte. Eine im Zentralministerium verbarrikadierte SS-Einheit schlug den Versuch nieder. Giesler und die SS-Einheit nahmen am 28. und 29. April blutige Rache. Die Mitglieder der »Freiheitsaktion Bayern« wurden im Zentralministerium standrechtlich erschossen. Rund 50 weitere Personen aus dem Umfeld der Gruppe wurden kurz vor Eintreffen der Amerikaner durch die SS ermordet.

Neubau des Zentralministeriums 1938/39

Adresse Ludwigstraße 2, 80539 München (Maxvorstadt) | **Anfahrt** U 3/4/5/6, Haltestelle Odeonsplatz | **Und heute** Im ehemaligen Zentralministerium sitzt heute das Bayerische Staatsministerium für Ernährung, Landwirtschaft und Forsten. Eine Gedenktafel im Innenhof erinnert an die ermordeten Mitglieder der »Freiheitsaktion Bayern«.

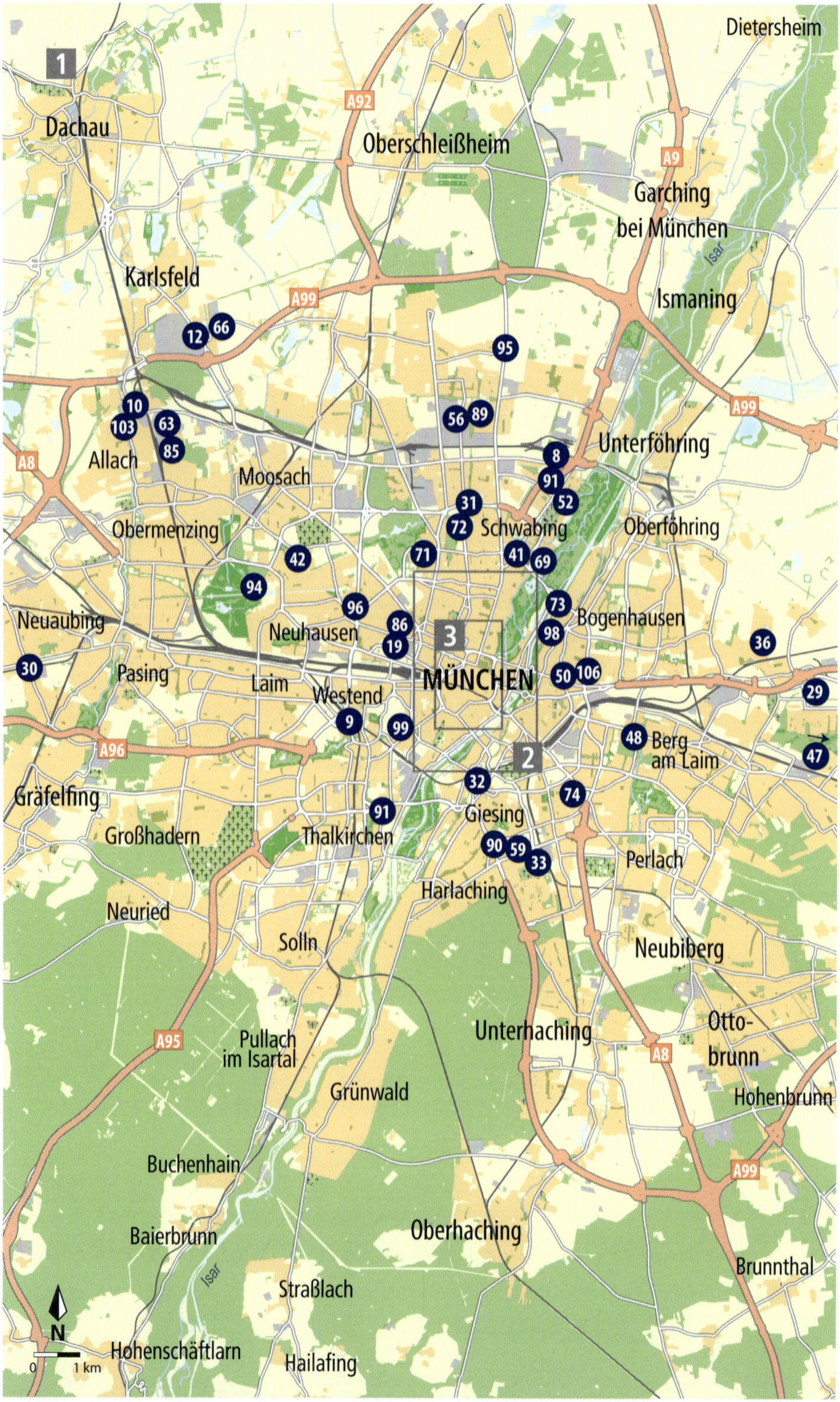
1
2
3
Dachau
Oberschleißheim
Dietersheim
Garching
bei München
Ismaning
Karlsfeld
Allach
Moosach
Unterföhring
Oberföhring
Obermenzing
Schwabing
Bogenhausen
Neuaubing
Neuhausen
Pasing
Laim
Westend
MÜNCHEN
Berg
am Laim
Gräfelfing
Großhadern
Thalkirchen
Giesing
Perlach
Harlaching
Neuried
Solln
Neubiberg
Unterhaching
Otto-
brunn
Hohenbrunn
Pullach
im Isartal
Grünwald
Buchenhain
Baierbrunn
Oberhaching
Brunnthal
Straßlach
Hohenschäftlarn
Hailafing
Isar
A92
A9
A99
A8
A96
A95
N
0
1 km
1
8
9
10
12
19
29
30
31
32
33
36
41
42
47
48
50
52
56
59
63
66
69
71
72
73
74
85
86
89
90
91
94
95
96
98
99
103
106

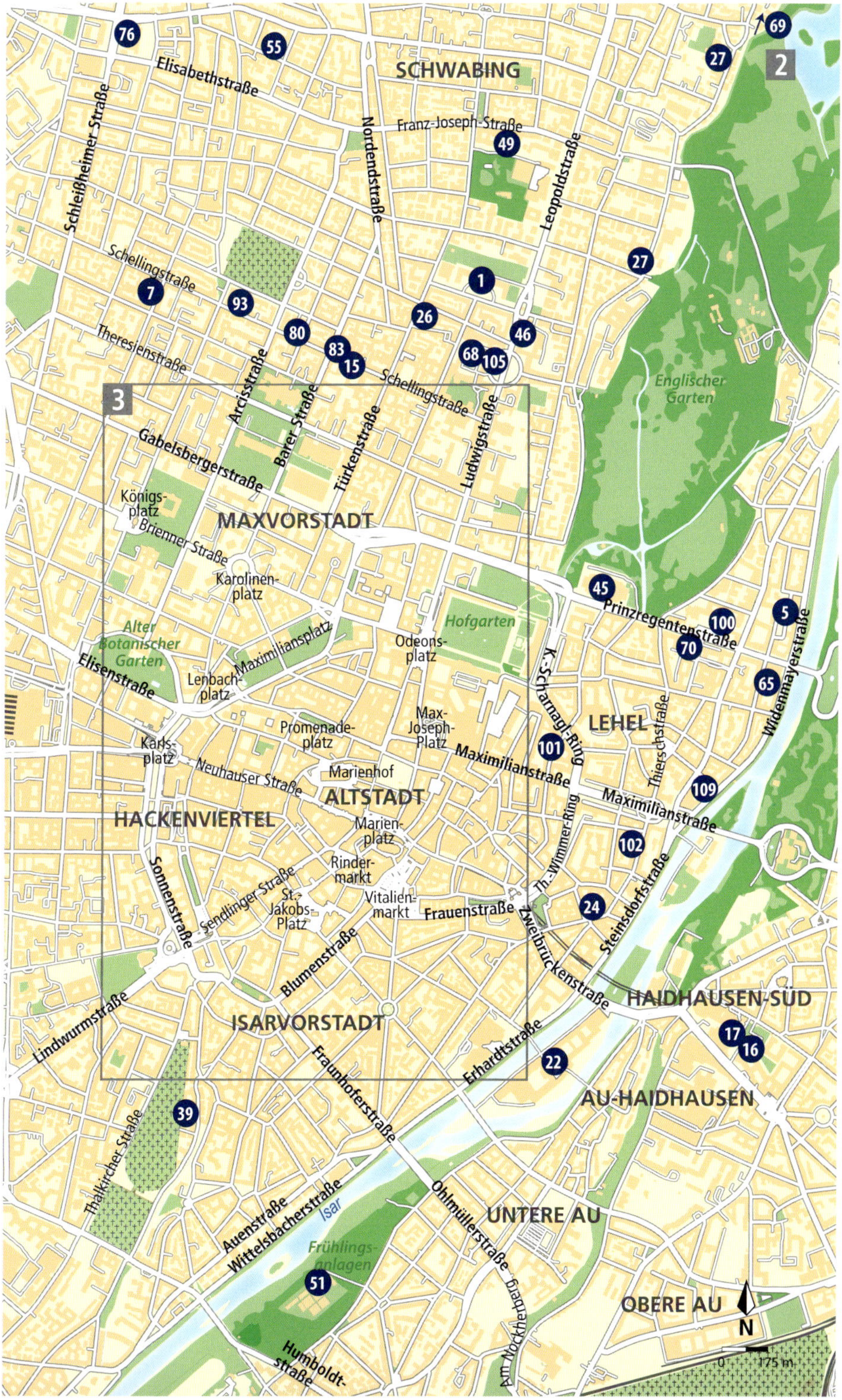

SCHWABING
MAXVORSTADT
LEHEL
ALTSTADT
HACKENVIERTEL
HAIDHAUSEN-SÜD
ISARVORSTADT
AU-HAIDHAUSEN
UNTERE AU
OBERE AU
Elisabethstraße
Schleißheimer Straße
Franz-Joseph-Straße
Nordendstraße
Leopoldstraße
Schellingstraße
Theresienstraße
Arcisstraße
Barer Straße
Türkenstraße
Ludwigstraße
Gabelsbergerstraße
Königsplatz
Brienner Straße
Karolinenplatz
Maximiliansplatz
Alter Botanischer Garten
Elisenstraße
Lenbachplatz
Odeonsplatz
Hofgarten
Englischer Garten
Prinzregentenstraße
Widenmayerstraße
K.-Scharnagl-Ring
Thierschstraße
Max-Joseph-Platz
Maximilianstraße
Promenadeplatz
Karlsplatz
Neuhauser Straße
Marienhof
Marienplatz
Rindermarkt
Sendlinger Straße
St.-Jakobs-Platz
Vitalienmarkt
Frauenstraße
Th.-Wimmer-Ring
Zweibrückenstraße
Steinsdorfstraße
Sonnenstraße
Blumenstraße
Lindwurmstraße
Fraunhoferstraße
Erhardtstraße
Thalkirchner Straße
Auenstraße
Wittelsbacherstraße
Isar
Frühlingsanlagen
Ohlmüllerstraße
Am Nockherberg
Humboldtstraße
N
0 175 m

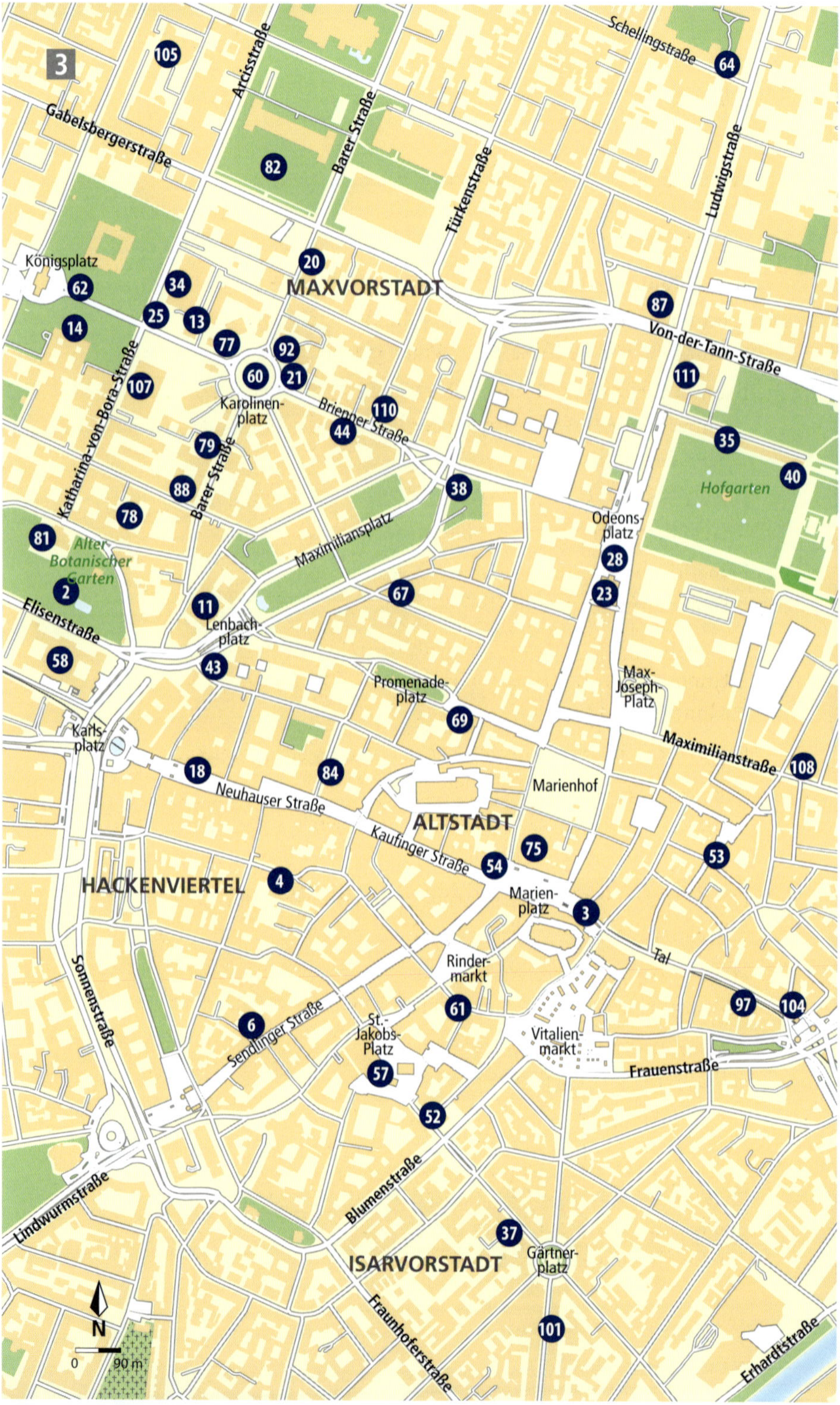

3
Schellingstraße
Arcisstraße
Gabelsbergerstraße
Barer Straße
Türkenstraße
Ludwigstraße
Königsplatz
MAXVORSTADT
Von-der-Tann-Straße
Katharina-von-Bora-Straße
Karolinenplatz
Brienner Straße
Barer Straße
Hofgarten
Odeonsplatz
Maximiliansplatz
Alter Botanischer Garten
Elisenstraße
Lenbachplatz
Max-Joseph-Platz
Promenadeplatz
Karlsplatz
Maximilianstraße
Neuhauser Straße
Marienhof
ALTSTADT
Kaufinger Straße
HACKENVIERTEL
Marienplatz
Tal
Rindermarkt
Sonnenstraße
Sendlinger Straße
St.-Jakobs-Platz
Vitalienmarkt
Frauenstraße
Lindwurmstraße
Blumenstraße
Gärtnerplatz
ISARVORSTADT
Fraunhoferstraße
Erhardtstraße
N
0
90 m

Literatur

Angermair, Elisabeth / Ulrike Haerendel: Inszenierter Alltag. »Volksgemeinschaft« im nationalsozialistischen München 1933–1945. München 1993.

Bauer, Reinhard / Günther Gerstenberg / Wolfgang Peschel (Hrsg.): Im Dunst aus Bier, Rauch und Volk. Arbeit und Leben in München von 1840 bis 1945. München 1989.

Baumann, Angelika / Andreas Heusler (Hrsg.): München arisiert. Entrechtung und Enteignung der Juden in der NS-Zeit. München 2004.

Brantl, Sabine: Haus der Kunst, München. Ein Ort und seine Geschichte im Nationalsozialismus. München 2007.

Donath, Matthias: Architektur in München 1933–1945. Ein Stadtführer. Berlin 2007.

Feuchtwanger, Edgar: Als Hitler unser Nachbar war. Erinnerungen an meine Kindheit im Nationalsozialismus. München 2013.

Fuchsberger, Doris / Albrecht Vorherr: Schloss Nymphenburg unterm Hakenkreuz. München 2014.

Grambitter, Ulrike / Iris Lauterbach: Das Parteizentrum der NSDAP in München. Berlin 2015.

Hajak, Stefanie / Jürgen Zarusky (Hrsg.): München und der Nationalsozialismus. Menschen, Orte, Strukturen. Berlin 2008.

Heusler, Andreas: Das Braune Haus. Wie München zur »Hauptstadt der Bewegung« wurde. München 2008.

Heusler, Andreas: Zwangsarbeit in der Münchner Kriegswirtschaft 1939–1945. München 1991.

Heusler, Andreas / Tobias Weger: »Kristallnacht«. Gewalt gegen die Münchner Juden im November 1938. München 1998.

Hoser, Paul: Thierschstraße 41. Der Untermieter Hitler, sein jüdischer Hausherr und ein Restitutionsproblem. Vierteljahreshefte für Zeitgeschichte. Berlin 2017.

Huber, Brigitte (Hrsg.): Tagebuch der Stadt München. Die offiziellen Aufzeichnungen der Stadtchronisten 1818–2000. Ebenhausen 2004.

Kastner, Wolfram P.: hier wohnte … Projekt zur Erinnerung an jüdische Nachbarn in Neuhausen. München 2013.

Köllmayr, Friedrich: Unser München. Antifaschistischer Stadtführer. Frankfurt/München 1983.

Kopleck, Maik: München 1933–1945. Stadtführer zu den Spuren der Vergangenheit. Berlin 2005.

Krause, Alexander: Arcisstraße 12. Palais Pringsheim – Führerbau – Amerika Haus – Hochschule für Musik und Theater München. München 2015.

Krauss, Marita (Hrsg.): Rechte Karrieren in München. Von der Weimarer Zeit bis in die Nachkriegsjahre. München 2010.

Krauss, Marita/Bernhard Grau (Hrsg.): Die Zeichen der Zeit. Alltag in München 1933–1945. Berlin 1991.

Kunst- und Ausstellungshalle der Bundesrepublik Deutschland, Bonn (Hrsg.): Bestandsaufnahme Gurlitt. Der NS-Kunstraub und die Folgen. Bonn/München 2017.

Landeshauptstadt München (Hrsg.): Jüdisches Leben in München. Lesebuch zur Geschichte des Münchner Alltags. München 1995.

Landeshauptstadt München (Hrsg.): ThemenGeschichtsPfad. Orte des Erinnerns und Gedenkens. Nationalsozialismus in München. München 2015.

Liedtke, Rüdiger: 111 Orte in München, die Geschichte erzählen. Köln 2014.

Münchner Stadtmuseum (Hrsg.): München – »Hauptstadt der Bewegung«. München 1994.

Nerdinger, Winfried (Hrsg.): München und der Nationalsozialismus. Katalog des NS-Dokumentationszentrums München. München 2015.

Nerdinger, Winfried (Hrsg.): NS-Dokumentationszentrum München. Zwangsarbeit in München. Das Lager der Reichsbahn in Neuaubing. München/Berlin 2018.

Nerdinger, Winfried (Hrsg.): Ort und Erinnerung. Nationalsozialismus in München. Architekturmuseum TU München. Salzburg/München 2006.

Weyerer, Benedikt: München 1919–1933. Stadtrundgänge zur politischen Geschichte. München 1993.

Weyerer, Benedikt: München 1933–1949. Stadtrundgänge zur politischen Geschichte. München 1996.

Fotonachweis

Alle Farbfotos © Rüdiger Liedtke, außer Ort 5 (oben): NS-Dokumentationszentrum München ; Ort 7 (oben): mauritius images/alamy/ZUMA Press; Ort 29 (oben): mauritius images/SZ Photo Creative/Angelika Bardehle; Ort 36 (oben): Privatarchiv; Ort 55 (oben): Wikimedia Commons; Ort 77 (oben): Dauerausstellung des NS-Dokumentationszentrums München/Ebene 3/2/Jens Weber; Ort 77 (unten): Orla Connolly; Ort 82 (oben): NS-Dokumentationszentrum München; Ort 85 (oben): Privatarchiv

Fotonachweise der historischen S/W-Fotografien: Orte 1, 2, 4, 9, 11, 13, 14, 17, 19, 22, 23, 24, 25, 32, 37, 39, 43, 44, 45, 46, 53, 56, 61, 63, 67, 69, 70, 74, 75, 79, 82, 83, 84, 87, 89, 90, 94, 95, 101, 102, 108, 110, 111: Stadtarchiv München; Ort 6: Staatsarchiv München; Ort 8: Deutsche Bundesbahn; Ort 10, 16, 28, 71, 97: SZ-Photo; Ort 12: BMW Group Archiv; Ort 15, 21: Wikimedia Commons; Ort 26: Privatarchiv; Ort 30: Privatarchiv; Orte 34, 66, 78, 105, 109: Bundesarchiv; Ort 47: Privatarchiv; Ort 49: akg-images/George (Jürgen) Wittenstein; Ort 51: Privatarchiv; Ort 54: Archiv FC Bayern München; Orte 62, 65, 86, 92, 100, 104, 107: Bayerische Staatsbibliothek; Ort 72: Privatarchiv; Ort 73: Privatarchiv; Ort 80: ullstein Bildagentur; Ort 88: akg-images; Ort 93: Archiv der Münchner Arbeiterbewegung e.V.; Ort 99: Privatarchiv; Ort 103: akg-images/Benno Gantner

Die Fotografen der Abbildungen konnten teilweise nicht ermittelt werden. Wir bitten Fotografen und Archive, sich beim Verlag zu melden.

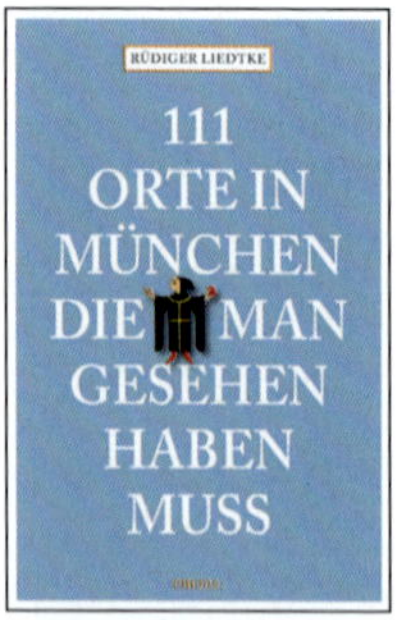

Rüdiger Liedtke
111 Orte in München, die man gesehen haben muss
ISBN 978-3-89705-892-7

Rüdiger Liedtke
111 Orte in München, die man gesehen haben muss. Band 2
ISBN 978-3-95451-043-6

Rüdiger Liedtke
111 Orte in München, die Geschichte erzählen
ISBN 978-3-95451-221-8

Rüdiger Liedtke
111 Orte auf Mallorca, die man gesehen haben muss
ISBN 978-3-89705-975-7

Laszlo Trankovits, Rüdiger Liedtke
111 Orte in Kapstadt, die man gesehen haben muss
ISBN 978-3-95451-456-4

Rüdiger Liedtke
55 ½ Orte rund ums Oktoberfest, die man gesehen haben muss
ISBN 978-3-95451-370-3

Rüdiger Liedtke
111 Kölner Meisterwerke, die man gesehen haben muss
ISBN 978-3-95451-838-8

Kay Walter, Rüdiger Liedtke
111 Orte in Brüssel, die man gesehen haben muss
ISBN 978-3-7408-0128-1

Nadia Boegli, Paul Kohl
111 Orte in Berlin auf den Spuren der Nazi-Zeit
ISBN 978-3-95451-220-1

Lucia Jay von Seldeneck, Verena Eidel, Carolin Huder
111 Orte in Berlin, die Geschichte erzählen
ISBN 978-3-95451-039-9

Rike Wolf
111 Orte in Hamburg, die uns Geschichte erzählen
ISBN 978-3-95451-418-2

Ralf Koss, Stefanie Kuhne
111 Orte im Ruhrgebiet, die uns Geschichte erzählen
ISBN 978-3-95451-415-1

Paul Stänner
111 Orte in Brandenburg, die uns Geschichte erzählen
ISBN 978-3-95451-417-5

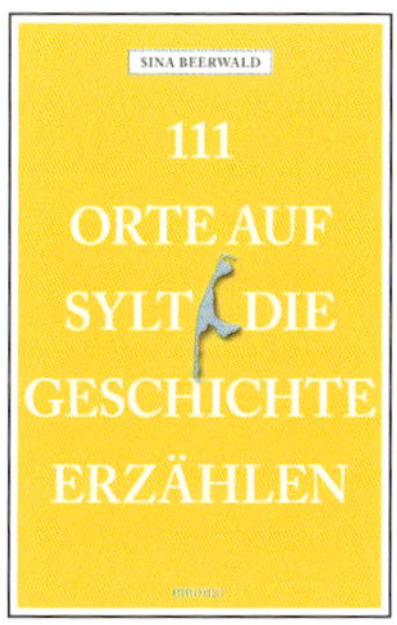

Sina Beerwald
111 Orte auf Sylt, die Geschichte erzählen
ISBN 978-3-7408-0120-5

Astrid Süßmuth
111 Spukorte in und um München, die man gesehen haben muss
ISBN 978-3-7408-0336-0

Der Autor

Rüdiger Liedtke ist Autor der Erfolgsbücher »111 Orte in München, die man gesehen haben muss«, Band I und II und »111 Orte in München, die Geschichte erzählen« sowie »111 Orte« auf Mallorca und in Kapstadt. Er lebt und arbeitet in Köln.